비상

인생의 나침반, 희망과 지혜의 메시지

飛
上

양광모

푸른길

작가의 말

　아무도 내게 '귀뜸'이 '귀띔'의 잘못된 말이라는 것을 귀띔해 주지 않았다. 아무도 내게 인생이 무엇인지, 청춘의 시기는 어떻게 값지게 보내야 하는지, 결혼과 부부 관계에서 가장 중요한 것은 무엇인지, 노년을 위해 준비해야 할 것은 무엇인지 귀띔해 주지 않았다. 성공과 행복은 무엇인지, 죽고 싶을 만큼 절망적인 순간에도 어떻게 하면 희망과 용기를 잃지 않을 수 있는지 귀띔해 주지 않았다. 열 명의 친구를 만드는 것보다 한 명의 적을 만들지 않는 것이 중요하다는 사실조차 인생은 비싼 수업료를 두둑하게 챙긴 후에야 뒤늦게 귀띔해 주었다.

　그렇게 세월은 빠르게 지나갔다. 사랑을 모르며 사랑을 했고, 나를 모르며 나로, 인생을 모르며 인생을 살았다. 자식의 도리도 못한 채 아비가 됐고 아비의 도리도 못한 채 앞만 보며 정신없이 질주하던 어느 늦가을 저녁, 인적 드문 거리로 요란스레 낙엽을 몰고 지나가던 바람이 내게 귀띔해 주었다.

　"잘 살기 위해 잘못 살고 있는 것은 아닌가?"

　두말할 것 없이 나는 아주 잘못 살고 있었다. 초보 인생이니만큼 어쩔 수 없는 일이라고 자위해 봐도 내 마음은 개운하지 않았다. 그것이 바로 내가 이 책을 쓰게 된 이유다. 여기에 실린 글은 내가 살아온 삶에 대한 애틋한 추억이자 절절한 체험이며, 쓰라린 실패담이자 농밀한 깨달음이다. 처음에는 사랑하는 딸과 아들에게 전해 주기 위한 인생 나침반으로 쓰기 시작했는데 어찌하다 보니 세상 사람들을 위한 귀띔으로 한 옥타브를 올리게 되었다.

아무쪼록 이 책이 당신의 삶에 작은 깨달음과 소소한 행복을 가져다주길 기대해 본다. 무엇보다 이 책에 실린 글귀들을 통해 당신이 지금 분주하게 걸어가는 발걸음을 멈추고 '잘 살기 위해 잘못 살고 있는 것'은 아닌지 다시 한 번 생각해 볼 수 있기를 빈다. 심장으로 쓴 책이니 부디 심장으로 읽어 주기를 바라며 마지막으로 귀띔 한마디를 덧붙여 놓는다.

"세상에는 세 가지 유형의 지혜가 있다. 인생이 제때제때 알려 주는 것들, 인생이 뒤늦게 알려 주는 것들, 인생이 좀처럼 알려 주지 않는 것들. 후회 없는 삶을 살기 위해서는 두 번째와 세 번째의 지혜에 대해 더 많은 관심과 배움의 노력을 기울여야 한다."

차례

1부

나의 이름은 희망이야

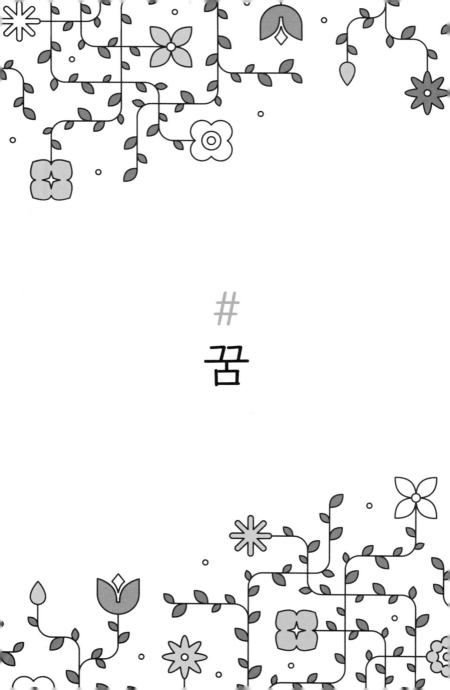

\#

꿈

0001

꿈이란 대개 머리는 만류하고 가슴은 재촉하는 일이다.

0002

나에게는 평생 이루고 싶은 꿈 세 가지가 있다. 그것은 바로
자유, 열정, 낭만이다.

0003

무언가를 하고 싶은데 불가능하다는 생각 때문에 포기한다면
그것은 꿈이 아니다.

0004

역사는 승자의 기록이요, 현재는 행동하는 자의 기록이요,
미래는 꿈꾸는 자의 기록이다.

0005

'같이' 이뤄 보고 싶은 '가치' 있는 꿈을 가져라.

0006

부모가 자녀에게 물려줄 수 있는 가장 큰 유산은
꿈을 갖게 만드는 것이다.

0007

큰 꿈을 가져라.
하루살이도 꿈속에서는 천 년을 살고 나비도 꿈속에서는
우주를 난다.

0008

시계는 되돌릴 수 있지만 시간은 되돌릴 수 없고
미래는 앞당길 수 없지만 꿈은 앞당길 수 있다.

0009

꿈이란 상표가 아니라 사용설명서다.
진정한 꿈은 무엇이 되겠다는 것이 아니라 어떻게 살겠다는
목표다.

0010

꿈은 인생이라는 영화의 예고편이다. 그러니 가능한 한
최고로 멋진 꿈을 꿔라. 흔히 그렇듯이 예고편이 흥행을
좌우한다.

0011

돼지꿈을 꾸기 위해서는 돼지 그림을 찾아 헤매지만 정작
인생의 꿈을 위해서는 별다른 노력을 기울이지 않는 존재가
사람이다.

0012

벼르다. 벼리다. 버리다.
서로 비슷해서 구분하기도 힘든 작은 차이가
인생에서는 너무나 뚜렷한 큰 격차를 만들어 낸다.
꿈을 버리지 말고, 꿈을 벼르지 말라. 오직 꿈을 벼려라.

0013

대왕고래, Bulewhale는 지구상에서 가장 큰 동물인데
기록상으로 가장 큰 것은 길이가 33.5m,
몸무게가 190톤에 이른다.
세상을 바꾸고 싶다면 꿈(Blue)과 힘(Whale)을 가져라.
꿈 없는 힘은 무익하고, 힘없는 꿈은 공허하다.

0014

매일 아침 열정과 흥분으로 나를 깨어나게 만들지 않는다면,
하루 종일 미치고 터져 버릴 것처럼 가슴을 뛰게 만들지
않는다면, 매일 밤 새로운 기대와 설렘을 안고 잠자리에
들게 만들지 않는다면 그것은 꿈이 아니다. 꿈은 각성제요,
흥분제요, 마취제다.

0015

바람이 불면 가지는 심하게 요동치지만 줄기는 거의 흔들리지
않고 나무 본체는 미동도 하지 않는다. 어떤 일을 하려는데
마음이 흔들린다면 그것은 본질이 아니라 지엽枝葉이라는
뜻이다. 뿌리 깊은 나무는 바람에 흔들리지 않고 뿌리 깊은
꿈은 역경에 쓰러지지 않는다.

#

희망

0016

욕망에 충실하지 말고 희망에 충실하라.

0017

낙관론자는 한계가 없고 비관론자는 한 게 없다.

0018

절망의 동굴에 웅크리고 있다면 들리는 건 오직 박쥐 소리뿐.

0019

절망이란 불청객과 같고 희망이란 초대를 받아야만 찾아오는
손님과 같다.

0020

인생은 비극이다. 당신이 비극 배우라면.
인생은 희극이다. 당신이 희극 배우라면.

0021

자신의 힘으로 불가능하다고 생각되는 일에
몇 번이나 도전하며 살아왔는가?

0022

희망은 긍정적인 삶에 대한 신념이요,
열정은 낙천적인 삶에 대한 신앙이다.

0023
모든 일에 희망을 가져라.
고장난 시계도 하루에 두 번은 정확히 시간을 맞출 수 있다.

0024
비관론자는 탈출구를 찾고
현실론자는 비상구를 찾지만
낙관론자는 돌파구를 찾는다.

0025
성공이 졸업이라면 도전은 입학이다.
포기는 중퇴요, 용기는 월반, 희망은 훌륭한 교사다.

0026
비관론자에게 인생은 전쟁터지만
낙관론자에게 인생은 전쟁터에 피어나는 한 송이 꽃이다.

0027
고개를 숙이면 땅이 보이고
고개를 가로저으면 앞이 보이고
고개를 끄덕이면 하늘이 보인다.

0028

희망이란 때론 밤하늘의 별과 같다.
어둠이 짙게 깔리기 전까지는
모습을 잘 드러내지 않는다.

0029

희망이란 종교와 같다.
믿는 사람에게는 존재하지만
믿지 않는 사람에게는 존재하지 않는다.

0030

미래란 우편함과 같다.
반가운 소식이 들어 있을지, 압류 통지가 들어 있을지는
열어 보기 전까지 아무도 알 수 없다.

0031

인생이란 하나를 얻으면 하나를 잃고
하나를 잃으면 하나를 얻는 것.
비관주의자는 잃는 것에 관심을 갖고
낙관주의자는 얻는 것에 관심을 갖는다.

0032

신이 세상을 공평하게 만들지 않았다는 사실은 잘 알려져
있다.
그렇지만 그에 대한 인간의 불평이 세상을 더욱
불공평하게 만든다는 사실은 그다지 잘 알려져 있지
않다.

0033

노력을 해도 뜻대로 되지 않는 일이 있을 것이다.
억울해 하지 말라.
곰곰이 되짚어 보면 별다른 노력을 기울이지 않고도
쉽게 얻어진 일이 있을 테니까.
인생에서 모든 결실의 합은 모든 노력의 합에 비례할 뿐이다.

살다 보면

살다 보면
길이 보이지 않을 때가 있다.
원망하지 말고 기다려라.

눈에 덮였다고
길이 없어진 것이 아니요.
어둠에 묻혔다고
길이 사라진 것도 아니다.

묵묵히 빗자루를 들고
눈을 치우다 보면
새벽과 함께
길이 나타날 것이다.

가장 넓은 길은
언제나 내 마음속에 있다.

\#

용기

0034

실패는 성공의 어머니, 도전은 성공의 아버지.

0035

인생을 진지하게 살기에는 나는 아직 너무 젊다.

0036

인생에서 가장 미친 짓은 한 번도 미치지 않는 일이다.

0037

낯 뜨겁게 만드는 사람이 있고 가슴 뜨겁게 만드는 사람이 있다.

0038

사는 것처럼 살고 싶은가? 먼저 죽을 것처럼 한 번 살아 보라.

0039

몸의 체온은 37도를 유지하고 영혼의 체온은 100도를 유지하라.

0040

죽음이란 신이 정해 준 유통기한, 열정이란 신이 넣어 준
방부제.

0041

대개 진부함이란 부진함이 자신의 얼굴을 가리기 위해 쓰는
마스크다.

0042

자유를 얻기 위해 필요한 것은 펄럭이는 날개가 아니라
펄떡이는 심장이다.

0043

가슴속에 피 끓는 열정이 없다면 그가 누워야 할 곳은 침대가
아니라 무덤이다.

0044

꿈에서 점 하나를 빼면 '끔'이 된다. 그 점의 이름은 열정이다.
뜨겁게 타오르면 꿈이 되고 차갑게 식으면 꿈도 꺼진다.

0045

월드컵, 올림픽, 2월 29일, 국회의원, 삶에 대한 뜨거운 열정…
잊힐 때쯤이면 다시 찾아오지만 곧 우리 곁을 떠나고 만다

#

운명

0046

운명과 갈등은 피해 다닐수록 피해가 커진다.

0047

하루에 3번 참고 3번 웃고 3번 칭찬하라. 운명이 바뀔 것이다.

0048

내가 믿는 단 하나의 운명이 있다. 그것은 바로
'운명을 거역해야만 하는 운명'이다.

0049

운명이 가위, 바위, 보 중에서 무엇을 낼지는 잘 모르겠다.
분명한 점은 내가 운명을 향해 주먹을 날릴 것이라는
사실이다.

0050

나는 운명의 신이 존재한다는 사실을 부정하고 싶지 않다.
생각해 보라. 만약 그가 없다면 도대체 우리는 누구와
맞서 싸워 승리를 얻어야 한다는 말인가?

0051

누구나 인생에는 세 번의 기회가 찾아온다.
운명의 여신이 미소 지을 때, 행운의 여신이 손짓할 때,
그리고 운명이나 행운의 여신 따위는 존재하지 않는다고
믿을 때.

0052

아무 것도 포기할 수 없다.
언제나 포기할 수 없다.
어디서나 포기할 수 없다.
어떤 방식으로든 포기할 수 없다.
그것이 운명과의 승부인 한
나는 절대로 포기할 수 없다.

0053

사람들이 불운에 대처하는 방법에는 세 가지가 있다.
패배자는 눈물을 흘리고, 불평가는 침을 뱉고, 노력가는 땀을
흘린다. 화학 성분은 비슷하지만 어떤 액체를 배출하느냐에
따라 운명이 달라진다.

0054

인생이라는 전쟁터에서 운명의 공세에 시달릴 때마다
나는 이렇게 묻곤 하였다.
"끝까지 싸워 이겨 전사戰士로 살아남을 것인가?
아니면 덧없는 패배로 전사戰死하고 말 것인가?"
인생은 전쟁이다. 전사戰死하지 말고 전사戰士로
살아남아라.

인생을 바꾸고 싶다면 세 가지 버릇을 바꿔라.

첫째는 **마음버릇**이다.
부정적인 생각은 버리고 항상 긍정적으로 생각하라.
둘째는 **말버릇**이다.
비난과 불평은 삼가고 칭찬과 감사를 입버릇으로 만들어라.
셋째는 **몸버릇**이다.
찌푸린 얼굴보다는 활짝 웃는 사람, 맥없는 사람보다는
당당한 사람이 성공한다.

운명을 바꾸고 싶다면 독서와 교육 그리고 훈련을
통해 마음버릇, 말버릇, 몸버릇을 바꿔라.
성공도 버릇이요, 실패도 버릇이다.

희망

생각대로 일이
잘 풀리지 않을 때
아무리 노력해도
뜻대로 되지 않을 때
무엇을 어떻게 해야
좋을지 모르겠을 때
너무 힘이 들어
한 발자국도 꼼짝할 수 없을 때
거대한 벽 앞에
서 있다고 느낄 때
천 길 낭떠러지 끝에
서 있는 것 같을 때
그래도 그냥
주저앉고 싶지 않을 때
그 순간이 되면
나를 찾아오렴
다시 새롭게 도전할 수 있는
힘을 네게 줄게
나의 이름은 희망이야

2부

인생이라는 나무에는
슬픔도 한 송이 꽃이라는 것을

\#
성공

0056
성공의 비결은 발견이 아니라 발명이다.

0057
성공에는 지름길이 없고 행복에는 우회로가 없다.

0058
성공의 무게를 재는 저울은 세상에 존재하지 않는다.

0059
성공이 '선착순'이라면 행운은 '뒤로 돌아 선착순'이다.

0060
성공이라는 꽃밭으로 들어가는 입구는 대개 가시밭길이다.

0061
성공의 비결은 남을 이기는 것이 아니라 자신을 이기는
것이다.

062
성공의 비결은 지문과 같다. 각자 자신만의 방법으로
성공해야 한다.

0063

'때문에'라고 말하는 사람보다 '덕분에'라고 말하는 사람이
성공한다.

0064

성공은 초대장을 보내지 않는다. 우리 스스로 성공을
초대해야 한다.

0065

인생에서 성공에 대한 자신만의 정의를 갖게 되는 것,
그것이 성공이다.

0066

성공이란 징검다리에 불과한 것, 개울 건너편에
더 많은 관심을 가져라.

0067

행운은 자신의 자리를 불운에게 넘겨줄 것이라 생각되는
사람에게는 찾아오지 않는다.

0068

노력하면 성공한다는 법은 없다.
그렇지만 노력하지 않아도 성공한다는 법은 더더욱 없다.

0069

성공이란 자신이 원하는 삶을 살아가는 것,
행복이란 자신의 삶이 실패작은 아니라고 믿는 것.

0070

진정한 성공이란 누군가를 부럽게 만드는 것이 아니라
누군가에게 꿈과 용기를 주는 것이다.

0071

최고의 일인이 될 수 있는지는 잘 모르겠다.
다만, 최후의 일인이 되리라는 것만큼은 분명하다.

0072

성공하는 사람들은 대개 난독증 환자다. 그들은 '실패', '포기',
'불가능'이라는 단어를 읽을 줄 모른다.

0073

조급함은 성공으로 가는 길에 묻힌 지뢰와 같다. 서두르지
말고 천천히 가라. 더 빨리 도착할 것이다.

0074

할 일이 없을 때는 빈둥빈둥 시간을 때워라. 틀림없이
허겁지겁 메꿔야 할 구멍이 미래에 생겨날 테니.

0075

내가 없는 자리에서 사람들이 나를 칭찬하기 시작했다면
나는 성공에 필요한 첫 번째 법칙을 이룬 것이다.

0076

시제時制를 바꾸면 좌우명과 묘비명이 같아지는 그런 인생을
살고 싶다. '열심히 살자'와 '열심히 살았다'처럼.

0077

피땀 흘린 대가로 얻은 작고 보잘 것 없는 성취의 소중함을
깨닫지 못하는 사람은 절대로 큰 성공을 이룰 수 없다.

0078

평범한 사람이 되고 싶지 않다면 방법은
한 가지뿐이다.
평범한 사람들이 하는 평범한 변명은
절대로 늘어놓지 마라.

0079

나는 성공해서 영웅이 된 것이 아니다. 실패하지 않으려면
영웅이 되어야 한다는 사실을 알았기 때문에 성공한 것이다.

0080

아무 때나 포기하지 마라. 성공에도 때가 있듯이
포기에도 때가 있기 마련이다. 포기하기에 가장 좋은 때는
2월 30일이다.

0081

성공이란 때론 종이비행기와 같다.
만드는 시간보다 날아다니는 시간이 짧지만
우리는 항상 기쁜 마음으로 종이를 접는다.

0082

성공하지 못하는 사람들이 즐겨 쓰는 세 가지 단어가 있다.
'하필이면', '겨우', '어차피'. 그래서 그들의 인생은 '하필이면',
'겨우', '어차피' 실패로 끝맺는다.

0083

성공이란 마라톤과 같다.
42km를 달렸느냐가 중요한 게 아니라
마지막 195m를 완주할 수 있느냐가 중요하다.
끝까지 포기하지 말고 결승점을 향해 달려라.

0084

나의 사전에 불가능이란 단어는 존재한다. 나의 사전에
포기란 단어도 존재한다. 그렇지만 두 단어의 용례用例는 오직
한 가지뿐이다. "포기하는 것은 절대 불가능함"

0085

나는 아침형 인간이 성공의 비결이라고 생각하지 않는다.
그렇다고 저녁형 인간을 성공의 비결로 추천하고 싶지도
않다. 내가 첫 번째로 손꼽는 것은 노력형 인간이다.

0086

"어떻게 포기하지 않을 수 있었던 거죠?"라며 사람들이
의문에 찬 표정으로 성공의 비결을 물을 때마다 나 역시
놀라운 표정으로 이렇게 되묻곤 한다.
"어떻게 포기할 수 있다는 거죠?"

0087

"나는 성공할 수 있을까?"라는 질문이 머릿속에 맴돌면
두 가지 질문에 대답해 보라.
첫째, 진심으로 내가 성공하기를 바라는 사람들이 몇 명이나
있는가? 둘째, 그중에서 실제로 도움을 줄 수 있는 사람은
몇 명이나 있는가?
사람을 얻는 것이 성공이요, 사람을 얻어야
성공한다.

0088

인생에도 이따금 작전상 후퇴가 필요하다. 노력해서 안 되는
일은 없지만 노력해서 안 되는 때는 있기 마련이다. 아무리
애를 써도 승리를 거둘 수 없다면 미련을 갖지 말고 과감하게
후퇴하라. 중요한 것은 전투에서 이기는 것이 아니라
전쟁에서 이기는 것이다.

0089

성공하고 싶다면 행복하게 살아라.
미국에서 성공한 CEO들을 대상으로 성공과 행복의
상관관계를 조사하였다. 그 결과 성공해서 행복을 얻었다고
대답한 사람은 37%에 불과한 반면 나머지 63%는 하루하루를
행복하게 살았더니 성공을 얻었다고 대답하였다.
성공하면 행복해지는 것이 아니라 행복하게 살면 성공하는
것이다.

0090

성공을 위해서는 항상 다섯 가지 질문을 스스로에게 건네라.

첫째, 올바른 일을 하고 있는가?
둘째, 남들과 다른 일을 하고 있는가?
셋째, 어제와 다른 일을 하고 있는가?
넷째, 어제와 다른 방법으로 하고 있는가?
다섯째, 다른 사람들과 함께 하고 있는가?

이렇게 다섯 가지 질문에 대해 '예'라고 대답할 수 있을 때
비로소 성공의 충분조건이 갖춰지는 것이다.
성공을 원한다면 매일 아침 다섯 가지 질문을
스스로에게 던져 보라.

\#

도전

0091

질러라. 저질러라. 질릴 때까지.

0092

약점이란 없다. 단지 약한 마음이 있을 뿐이다.

0093

그늘 밑에 숨어 있다면 태양은 보이지 않기 마련.

0094

명심하라. 성공에 필요한 것은 행운이 아니라 행동이다.

0095

언제나 용감해질 수는 없지만 누구나 용감해질 수는 있다.

0096

용기가 앞장서면 불운이 비켜 가고 두려움이 앞장서면 운명이
막아선다.

0097

하고 싶은 일을 하며 인생을 살고 싶다면 먼저 하기 싫은
일부터 해 보라.

0098

두려움이란 암과 같다. 조기에 제거하지 않으면 걷잡을 수
없을 만큼 커진다.

0099

성공에 필요한 용기란 회전목마를 타는 것이 아니라
회전목마에서 뛰어내리는 것.

0100

과거는 활이요, 현재는 화살이요, 미래는 허공이다. 우리는
멋진 궤적을 남겨야 한다.

0101

용기란 두려움을 모르기 때문에 하는 행동이 아니라 옳다고
믿기 때문에 하는 행동이다.

0102

가능성이란 0부터 100사이의 확률이 아니라 '할 수 있다'와
'할 수 없다' 사이의 신념이다.

0103

인생에서 가장 후회스러운 일은 미처 끝맺지 못한 일이
아니라 미처 시작하지 못한 일이다.

0104

알에서 깨어나라. 당신이 독수리인지 병아리인지는
껍질을 깨뜨리기 전까지 절대로 알 수 없다.

0105

후회가 과거를 바꾸지 못하고, 걱정이 미래를
바꾸지 못하며, 오직 행동만이 현재를 변화시킨다.

0106

직장이 마음에 들지 않는가? 그렇다면 사표를 던져라.
인생이 마음에 들지 않는가? 그렇다면 출사표를 던져라.

0107

스스로를 '쓸 데 없는 인간'이라고 생각하는 사람이 있다면
나는 이렇게 제안하고 싶다. '우리 집 마당으로 오라.'

0108

사람들은 모두 무모한 일이라며 만류했다.
사실 내가 생각해도 무모한 짓임에 틀림없었다. 그래서
그 일을 시작했다.

0109

재능이란 신으로부터 받은 백지 수표와 같다.
얼마만 한 금액을 써 넣을 것인지는 전적으로 우리 자신에게
달려 있다.

0110

모든 사람에게 똑같이 주어진 한 가지 신성한 의무가 있다.
"한 번뿐인 인생을 하고 싶은 일을 하며 살기 위해 노력할 것"

0111

스스로를 '별 볼 일 없는 인간'이라고 생각하는 사람에게
내가 해 줄 수 있는 조언은 한 가지뿐이다.
"이제 그만 밤잠을 줄여라."

0112

숨겨진 재능을 찾으려 노력하지 않는 것은 포장도 뜯지 않은
채 소포를 보관하는 일과 마찬가지다. 신이 무엇을 담아
보냈는지 우리는 반드시 확인해 봐야 한다.

0113

살아가는 일이 외롭고 힘들 때
스스로를 두 팔로 끌어안으며 응원하라.
세상은 자기 자신을 사랑할 줄 아는 사람을 사랑하는 법이다.
지금 당신에게 응원을 보내라.

0114

재능이 부족하다고 걱정하지 마라. 인생에서는 재능보다
중요한 것이 진로다. 똑같은 볼펜이지만 메모지에 쓰면
낙서가 되고, 일기장에 쓰면 일기가 되고, 원고지에 쓰면
대본이 된다.

0115

누군가 기발한 생각을 이야기하면
"왜 나는 저런 생각을 못했을까?"라고 말하는 사람은 많다.
그렇지만 누군가 기발한 행동을 하면
"왜 나는 저런 행동을 못했을까?"라고 말하는 사람은 그리
많지 않다. 그것이 바로 대부분의 사람들이 성공하지 못하는
이유다.

0116

인생을 살다 보면 어느 날 문득 이런 생각이 떠오를 날이 있을 거야. '정말 이대로 그냥 끝나 버리는 걸까? 잃어버린 꿈을 되찾을 수 없을까? 모든 것을 접어 두고 새롭게 다시 시작할 수 없을까?'

그때가 되면 나를 부르렴. 너의 곁으로 달려가 함께 출발해 줄게. 세상을 향해 큰 목소리로 나의 이름을 외쳐 봐. "이대로 끝내기는 너무 억울해."라고.

#

실패

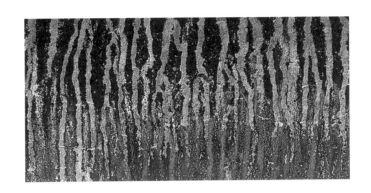

0117

꺼진 초는 촛농이 흐르지 않는다.

0118

인생이라는 나무에는 실패도 한 송이 꽃이다.

0119

인간의 삶을 위대하게 만드는 세 가지 경전. 성경, 불경, 역경.

0120

실패자의 삼십육계는 핑계요, 실패자의 삼십칠계는 변명이다.

0121

실패를 업신여기지 말라. 비극적인 성공이 있다면 희극적인
실패도 있기 마련일 테니.

0122

실패란 실패자에게는 유쾌하지 못한 기억에 불과하지만
성공자에게는 최고의 영웅담이다.

0123

실패가 성공의 어머니라면 성공은 불효자임이 틀림없다.
그토록 심하게 어미의 속을 썩였으니까.

0124

대개 실패하는 사람들의 몸에는 못된 벌레 한 마리가 살고
있다. 그 벌레의 이름은 '대충'이다.

0125

무릇 실패는 자충수요, 성공은 외통수다.
돌다리도 두들겨 보고 건너되 외나무다리도 목숨 걸고
건너라.

0126

삶의 고통으로 눈물이 흐를 때는 기억하라. 촛불이 뜨겁게
타오를수록 촛농도 더 많이 고인다는 사실을.

0127

더 슬퍼라. 더 아파라. 더 비참해라. 더 낮게 추락하라.
가장 밑바닥까지 떨어져야 다시 튀어 오를 수 있다.

0128

나이가 들수록 실패를 조심하라.
청춘의 실패는 기침이지만, 중년의 실패는 독감이요,
노년의 실패는 폐렴이다.

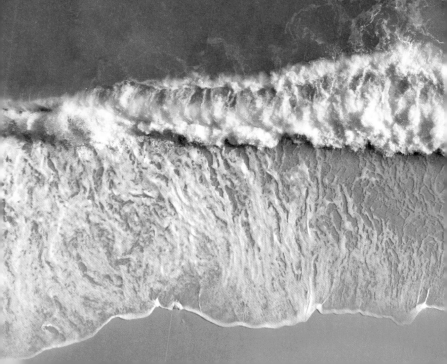

0129

슬픔과 고통의 순간마다 나는 스스로에게 이렇게 속삭였다.
'너무 불행하다고 생각하지 말라. 조금 덜 행복할 뿐이다.'

0130

성공이 새 신랑이라면 실패는 미망인 같은 것. 그렇지만 누가
더 많은 유산을 물려줄지는 아직 모르는 일이다.

0131

실패와 좌절의 순간마다 나는 이렇게 마음속으로 되뇌곤
하였다. '운명이 나를 위해 특별한 일들을 준비하고 있구나!'

0132

어려움에 처할수록 10년을 계획하고, 20년을 꿈꾸고, 30년을
준비하라. 인생은 하루살이가 아니요 삶의 목적은 겨우살이가
아니다.

0132

막다른 골목에도 언제나 세 가지 길은 존재한다.
뒤돌아 가는 길, 담을 넘어가는 길, 담을 부수는 길.
인생의 막다른 길 역시 마찬가지다.

0133

실패로부터 상처를 받는 것이야말로 최악의 실패다.
현명한 사람은 실패로부터 교훈을 얻고
어리석은 사람은 실패로부터 상처를 얻는다.
실패를 걸림돌이 아니라 디딤돌로 받아들여라.

0134

살다 보면 자신의 모습이 정말 초라하다고 느껴지는 순간이
있을 것이다. 낙심하지 마라. 이제 그보다 더 초라해지는 일은
없을 테니까. 용수철은 가장 밑바닥에서 튀어 오르는 법이다.

0135

성공을 집으로 초대하라. 그렇지만 실패를 위해서도 의자를
마련해 둬라. 현명한 주인은 불청객에게도 환대를 보낼 줄
안다. 만약 그를 문전박대한다면 틀림없이 더 많은 제 편을
데려올 테니까.

0136

어린 아이가 걸음마를 걷기 전까지 평균 3천 번 정도를
넘어진다. 그런데 어른이 되어 서너 번 넘어졌다고 일어나지
않는다면 그 얼마나 창피한 일인가?
실패란 최고가 되지 못하는 것이 아니라 최선을 다하지
못하는 것이다.

0137

실패란 질문을 멈추는 것이다.
'왜 자꾸 실패하는 것일까?', '어떻게 하면 성공할 수
있을까?'라는 질문을 멈추고 '에라 모르겠다. 어떻게든
되겠지. 될 대로 돼라.'고 마음먹는 것이 실패다.
인생을 실패로 끝내고 싶지 않다면 절대로 질문을 멈추지
마라.

괜찮아

꿈이 없어도 괜찮아
얼굴이 못생겨도 괜찮아
키가 작아도 괜찮아
뚱뚱해도 괜찮아
건강하지 않아도 괜찮아
영어를 못해도 괜찮아
돈이 없어도 괜찮아
능력이 없어도 괜찮아
소심해도 괜찮아
실패해도 괜찮아
외로워도 괜찮아
그냥 나만 믿어
이 세상 끝나는 날까지
너를 지켜 줄게
어둠을 빛으로
실패를 성공으로
불행을 행복으로 바꿔 주는
나의 이름은 긍정이야

3부

만남은 인연, 관계는 노력이다

\#

가족

0138

자식 손 귀여운 줄은 알아도 부모 손 귀한 줄은 모른다.

0139

참다운 교육이란 가르치는 것이 아니라 가리키는 것이다.

0140

돌아가신 후의 효도는 의무지만
살아 계실 때의 효도는 권리다.

0141

행복한 가정은 미리 누리는 천국
불행한 가정은 미리 맛보는 지옥.

0142

자녀에게 칭찬을 들려주는 것보다 중요한 일은
자녀를 칭찬할 줄 아는 아이로 키우는 일이다.

0143

인생을 헛되이 살고 싶지 않다면 도장을 찍고 한 약속보다
새끼손가락을 걸고 한 약속을 더 잘 지켜라.

0144

역사에 이름을 남기려 애쓰지 말고
지금 옆에 있는 사람들의 추억에 이름을 남겨라.
성공은 역사에 이름을 남기는 것,
행복은 사랑하는 사람들의 추억에 이름을 남기는 것이다.

0145

현명한 부모와 어리석은 부모는 두 글자 차이다.
현명한 부모는 '하지 말라'는 말보다 '하라'는 말을 더 많이
하고 어리석은 부모는 '하라'는 말보다 '하지 말라'는 말을
더 많이 한다.

0146

부모는 아이의 교사다. 어떤 부모는 "저렇게 살 거야."라고
가르치고 어떤 부모는 "저렇게 살지 말아야지."라고 가르친다.
이 사실만 잊지 않는다면 세상의 모든 부모는
저마다 훌륭한 교사가 될 수 있을 것이다.

0147

효도의 시작은 부모에게 안부를 전하는 일이요
효도의 끝은 부모의 안부를 챙기는 일이다.
아침과 저녁, 하루에 두 번 전화를 거는 것만으로도
누구나 효자가 될 수 있다. 돌아가신 후의 효도는 의무지만
살아 계실 때의 효도는 권리라는 사실을 명심하라.

0148

인생이 가치 없게 느껴진다면 지금 나와 '같이' 있는 사람들을
둘러보라. 목적지보다는 동반자가, 어떻게 가느냐보다는
누구와 함께 가느냐가 인생의 가치를 결정한다.
혼자 타는 크루즈보다 사랑하는 사람과 함께 타는 오리배가
더 행복하다.

0149

젊었을 때 '부모 잘못 만나 고생한다'는 원망이 생기면
꼭 명심하라. 나이 들어 '부모님이 자식 잘못 만나 호강 한번
못 해 보시는구나'라며 한탄하게 될지도 모른다는 사실을.
좋은 부모를 만나는 일도 중요하지만 그보다 중요한 것은
좋은 자식이 되는 일이다.

0150

부모가 자녀에게 꿈을 길러 주는 것은 중요한 일이다. 부모가
자녀에게 도전 정신을 길러 주는 것 또한 가치 있는 일이다.
그렇지만 부모가 자녀에게 포기하지 않는 인내심을 길러 주는
일은 반드시 필요한 일이다. 인생은 꿈을 가진 자가 성공하는
것이 아니라 포기하지 않는 자가 성공한다.

0151

아들아, 인생에서 꿈을 이루고 싶다면 꼭 세 가지 사항을
실천하렴. 첫째, 학교에서는 절대로 졸지 마라. 근면과 성실은
성공의 보증 수표란다. 둘째, 사회에서는 절대로 쫄지 마라.
용기와 자신감은 성공이 요구하는 구비 서류란다. 셋째,
집에서는 절대로 조르지 마라. 아빠, 엄마에게도 꿈이 있다는
사실을 잊지 말고 보증인은 제발 다른 사람을 찾아라.

딸아, 행복한 결혼을 원한다면 세 가지 사항을 명심하렴.

첫째, 결혼에 대한 환상을 버려라.
결혼도 삶의 일부분이다. 인생을 살다 보면 기쁜 날, 슬픈
날이 교차되듯이 결혼 생활에도 행복한 날, 불행한 날이 함께
찾아오기 마련이란다.

둘째, 배우자에 대한 환상을 버려라.
배우자는 네가 사랑하는 사람이지 전지전능한 신이 아니다.
너와는 다른 생각, 네가 싫어하는 버릇, 네가 인내하기 힘든
여러 가지 잘못이나 실수를 저지를 수 있다는 사실을 잊지
말아야 한다.

셋째, 자신에 대한 환상을 버려라.
너는 완벽한 배우자라기보다는 이제 막 운전대를 잡은 초보
운전자와 같다. 아무쪼록 자신만만하게 굴지 말고 천천히
조심스럽게 결혼 생활이라는 차를 몰아라. 대부분의 접촉
사고가 처음 1년 이내에 발생한다는 사실을 잊지 말아야 한다.

마지막으로 한 가지를 덧붙인다. 부디 부모에 대한 환상도
버려라. 아기는 스스로 알아서 키우고 부부 싸움 했다고
달려오지 마라. 이제는 엄마, 아빠도 행복한 결혼 생활을 하고
싶단다.

\#
친구

0153

우정은 믿는 것이요, 사랑은 느끼는 것이다.

0154

위로란 '힘내!'라고 말하는 것이 아니라 '힘들지?'라고 묻는 것이다.

0155

진실한 우정은 무지개와 같다. 함께 비를 맞지 않으면 발견할 수 없다.

0156

누군가에게 '기대되는 사람'보다
누군가가 '기대도 되는 사람'으로 살아라.

0157

진정한 친구란 등대와 같다.
인생의 암흑에서 우리를 올바른 길로 안내한다.

0158

우정이란 집과 같다.
오래도록 드나들지 않으면 먼지가 쌓이고 거미줄이 생기기 마련.

0159

친구란 나의 슬픔을 등에 짊어지고 가는 사람이 아니라
그의 슬픔을 내 등에 짊어지고 가야 할 사람이다.

0160

나를 위해 목숨이라도 내어 줄 수 있는 사람이 친구지만
나를 위해 목숨이라도 내어 주기를 바라는 것은 우정이
아니다.

0161

말 없이 눈빛만 봐도 생각이 통하는 친구가 몇 명이나 있는가?
전화 목소리만 듣고도 기분을 알아차리는 친구, 속마음과
반대되는 말을 해도 진심을 알아 주는 친구, 나와 함께
기뻐하고 나와 함께 슬퍼해 줄 친구가 몇 명이나 있는가?
진정한 친구 한 명은 행복이요, 두 명은 행운, 세 명은 하늘이
준 축복이다.

인간관계 10계명

1. 먼저 손 내밀어라.

사람들은 먼저 다가서지 않으며 상대방이 다가오기를
기다린다. 친구를 사귀고 싶으면 먼저 손을 내밀고 악수를
청하라. 용기 있는 자만이 미인을 얻고 먼저 다가서는 자만이
친구를 얻는다.

2. 호감을 가져라.

사람은 자기를 좋아하는 사람을 좋아한다. 사람은 자기에게
관심을 보이는 사람에게 관심을 가진다. 호감과 관심을 받고
싶으면 상대방에게 호감과 관심을 가져라.

3. 통하라.

인간관계는 커뮤니케이션 관계며 커뮤니케이션은 통하는
것이다. 대화 중에 말, 생각, 감정이 진심으로 통해야 서로
통하는 사이가 된다. 공감하라! 상대방의 말을 집중하여
경청하고 상대방을 수용, 이해, 인정, 지지하라.

4. 따뜻한 말을 하라.

상대방에게 힘과 용기를 주는 말을 하라. 상대방에게 기쁨과
즐거움을 주는 말을 하라. 사랑과 애정이 담긴 말로 상대방의
마음을 따뜻하게 하라.

5. 상처 주지 마라.

상대방을 비판, 비난하지 마라. 상대방에게 책임과 잘못을
전가하지 마라. 상대방의 감정과 자존심에 상처를 주지 마라.

6. 속을 보여 줘라.

열 길 물속은 알아도 한 길 사람 속은 모른다고 했다. 모르면
이해할 수 없고 이해할 수 없으면 친해지지 않는다. 솔직하게
생각, 감정을 표현하고 속을 보여줘라. 때로는 비밀도
공유하라.

7. 많이 웃고, 많이 웃겨라.

사람들은 잘 웃는 사람을 좋아한다. 사람들은 잘 웃기는
사람을 좋아한다. 사람들은 밝고 유쾌한 사람을 좋아하니
자주 웃고, 자주 웃겨라.

8. 챙겨 줘라.

상대방의 일을 내 일처럼 생각하라.
상대방의 애경사를 내 애경사처럼 생각하라.
상대방에게 필요한 일, 도움이 되는 일을
미리미리 잘 챙겨 줘라.

9. 참고 이해하고 용서하라.

인간관계에서 가장 중요한 것은 참는 것이다. 인간관계에서 가장 중요한 것은 참고 이해하는 것이다. 인간관계에서 가장 중요한 것은 참고 이해하고 용서하는 것이다.

10. 먼저 등 돌리지 마라.

인간관계가 쉽게 친해지지 않는다고 먼저 등 돌리지 마라. 별 볼일 없다고 먼저 등 돌리지 마라. 섭섭하다고 먼저 등 돌리지 마라. 한 번 맺은 인연을 소중히 하고 절대로 먼저 등 돌리지 마라.

\#

사랑

0163

지옥, 당신이 없는 곳.

0164

세상에서 가장 슬픈 길, 다 제 갈 길.

0165

삶은 산문이지만 사랑은 운문이다.

0166

금은 번쩍이지만 사랑은 반짝이는 것.

0167

우정은 보증 수표지만 사랑은 백지 수표다.

0168

사랑에는 증거가 없다. 오직 증인만 있을 뿐.

0169

사랑은 정각 12시다. 둘이 만나 하나가 된다.

0170

사랑에는 조건이 없고 이별에는 이유가 없다.

0171

어떤 이별은 벌이다. 어떤 벌은 주는 사람이 더 아프다.

0172

촛농에 데어도 촛불은 아름다운 것. 사랑 또한
마찬가지.

0173

나비를 사랑하려는 사람은 꽃이 아니라 나비가 되어야 한다.

0172
가끔 꺼 두고 싶은 것들…
스마트폰, 시계, 너를 향한 그리움.

0173
사랑에 빠지면 바보가 되지만 사랑을 멀리하면 백치가 된다.

0174
이루지 못한 사랑이란
지키지 못한 사랑의 다른 이름일 뿐이다.

0175
실연은 시련과 같다.
오직 시간에 의해서만 고통에 종지부를 찍는다.

0176
명중된 화살은 상처를 남기기 마련,
큐피드의 화살 또한 마찬가지다.

0177
한때 누군가의 늪에 빠지는 사랑이 있다.
영원히 스스로 늪이 되는 사랑이 있다.

사랑은 때론 유치한 것
그렇지만 사랑에 빠진 얼굴은 가장 찬란한 것.

사랑과 선물은 주는 사람이 아니라
받는 사람에 의해 가치가 결정된다.

사랑을 잃어버렸다고 말하지 말라.
사랑은 원래 소유할 수 없는 것이다.

사랑할 시간이 어디 있으랴!
불꽃보다 뜨겁게 사랑할 시간도 부족하거늘.

내일 지구의 종말이 올지 모른다기에
매일 아침 나는 '사랑한다'고 말했다.

어떤 대가도 치를 수 있지만
어떤 대가도 요구하지 않는 것, 그것이 사랑이다.

0184

가시가 있다고 장미와 싸우지 말라.
장미를 사랑한다면 꽃과 가시를 모두 사랑하라.

0185

세상에서 가장 불행한 사랑은 이별로 끝나는 사랑이 아니라
후회로 끝나는 사랑이다.

0186

청년 시절의 사랑은 스캔들,
중년 시절의 사랑은 로맨스,
노년 시절의 사랑은 에피소드.

0187

사랑에 빠진 사람에게 연인의 결점이란 동전의 옆면과 같다.
대개 있는 줄조차 모르니까.

0188

친구란 괴로운 일이 생기면 함께 술잔을 부딪치는 사람,
연인이란 그 술잔 속에 얼굴이 떠오르는 사람.

0189

가장 많이 사랑한 사람이 가장 깊은 상처를 주지만
가장 깊은 상처를 받은 사람이 가장 큰 사랑을 한다.

0190

연애와 인생은 자동차 운전과 같다. 액셀러레이터를 밟을
때와 브레이크를 밟을 때를 구별할 줄 알아야 한다.

0191

사랑이란 신이 인간을 창조할 때 나름대로 최선을 다했다는
증거. 사랑의 아픔이란 악마 또한 가만히 지켜보고 있지만은
않았다는 증거.

0192

사랑은 으레 활화산活火山으로 시작해 휴화산休火山으로
바뀌고 사화산死火山으로 끝을 맺는다. 오직 진실된 사랑만이
활화산으로 시작해 활화산으로 끝을 맺는다.

0193

여자가 남자에게 사랑을 고백하는 날은 밸런타인데이,
남자가 여자에게 사랑을 고백하는 날은 화이트데이,
남자와 여자가 이별을 통보하는 날은? 에브리데이Everyday!

0194

얼마나 사랑하는지를 말할 수 있다면 그것은 사랑이 아니다.
얼마나 사랑하는지를 물을 수 있다면 그것 또한 사랑이
아니다. 사랑은 눈머는 것이 아니라 입머는 것이다.

0195

이상적인 연애 상대를 만날 수 있는 날은 2월 29일,
완벽한 결혼 배우자를 만날 수 있는 날은 2월 30일,
지금 내 옆에 있는 사람에게 따뜻한 말 한마디를 건넬 수 있는
날은 투데이Today!

마음을 따뜻하게 해 주는 7가지 '해'

1. 사랑해

"당신을 사랑해", "너를 좋아해"라고 말해 보세요. 마음이
따뜻해질 거예요.

2. 감사해

"당신에게 감사해", "네게 고마워"라고 말해 보세요. 마음이
따뜻해질 거예요.

3. 소중해

"당신이 소중해", "네가 중요해"라고 말해 보세요. 마음이
따뜻해질 거예요.

4. 대단해

"대단해", "훌륭해"라고 말해 보세요. 마음이 따뜻해질
거예요.

5. 미안해

"미안해", "용서해"라고 말해 보세요. 마음이 따뜻해질
거예요.

6. 이해해

"이해해", "인정해"라고 말해 보세요. 마음이 따뜻해질 거예요.

7. 함께해

"함께해", "먼저 해"라고 말해 보세요. 마음이 따뜻해질 거예요.

\#

결혼

0197

여자는 이겨도 아내는 이기지 말라.

018

부부 관계에 있어 항복은 행복의 지름길.

0199

결혼이란 100번의 이혼과 101번의 재혼.

0200

연애란 물드는 일이요,
결혼이란 철드는 일이다.

0201

연애는 두근두근
사랑은 사근사근
결혼은 천근만근.

0202

부부 싸움이란 칼로 물 베기가 아니라
칼로 살 베기다.

0203

박수 소리는 손뼉이 부딪쳐서 나고, 부부 싸움은
말대꾸를 해서 난다.

0204

사랑이란 예술 작품을 만드는 일, 결혼이란 예술 작품을
판매하는 일.

0205

행복한 결혼 생활에 필요한 것은 큰 침대가 아니라
배우자의 팔베개다.

0206

부부간의 말싸움이란 나침반의 양 끝과 같은 것.
한 번도 같은 방향을 가리키지 않는다.

0207

연애 시절에 섬기지 말아야 할 우상은 맹신,
결혼 생활에 섬기지 말아야 할 우상은 불신이다.

0208

부부 싸움에도 기술이 필요하다.
가장 중요한 첫 번째 기술은
자녀들이 알지 못하게 싸우는 기술이다.

0209

하룻밤을 함께 지내도 만리장성을 쌓지만
수십 년을 함께 살아도 마음의 벽을 쌓는 게 남녀 관계.

0210

결혼 생활을 시작하려면 사랑과 용기가 필요하지만
결혼 생활을 유지하려면 사과와 용서가 필요하다.

0211

부부는 전생의 원수가 만난 것이라고 말하는 사람이 있다.
명심해라. 지금 원한을 풀지 않으면 다음 생에 또 다시 만나게
될 것이다.

0212

이혼이란 부모에게는 최악의 상황에 대한 최선의 선택이 될지 모르지만 자녀에게는 최선의 상황에 대한 최악의 선택에 불과하다.

0213

사회란 만인에 대한 만인의 투쟁이지만 결혼이란 일인에 대한 일인의 투쟁이다. 그럼에도 결혼이 더욱 힘든 전쟁터라는 사실은 인생의 불가사의다.

0214

부부 간의 갈등이란 대개 '배우자' 때문이 아니라 '가르치자' 때문이다. 상대방의 잘못과 실수를 가르치지 말고 자신의 잘못과 실수에서 교훈을 배워라.

0215

부부 싸움이란 이길 수 없는 전쟁이며, 이겨서도 안 되는 전쟁이며, 이겨도 지는 전쟁이다. 현명한 부부는 승전보다는 휴전과 평화 협정에 노력을 기울인다.

0216

부부 싸움을 하지 않는 유일한 비결 한 가지가 있다. 그것은 결혼을 하지 않는 것이다. 부부 싸움은 결혼 생활의 혼수이자 지참금과 같아 누구도 피해 갈 수 없다.

0217
부부 싸움과 갈등은 가위바위보와 같다.
어떤 사람은 끊고, 어떤 사람은 싸우고, 어떤 사람은 악수를
청한다. 당연히 가위보다는 바위가, 바위보다는 보가 낫기
마련이다.

0218
성공적인 결혼 생활의 비결은 바꾸려 애쓰지 말고
바뀌려 애쓰는 것이다. 그중에서도 가장 중요한 것은
배우자에 대한 태도를 바꾸는 일이다.
여왕처럼 대하면 왕으로 대접받고
하녀처럼 대하면 하인으로 대접받는다.

부부 10계명

1. 다시 사랑하라.
화산도 항상 용암을 뿜지는 않는다. 사랑이 식었으면 다시
사랑하라.

2. 함께 이룰 꿈을 가져라.
결혼생활을 통해 함께 이루고 싶은 꿈, 목표를 정하라.

3. 서로 뒷바라지하라.
인생에서 성공한 사람이 될 수 있도록 아내(남편)의
자아실현을 뒷바라지 하라.

4. 소중한 것을 소중하게 하라.
아내(남편)가 소중하게 생각하는 것을 소중하게 대하라.

5. 함께 여행을 떠나라.
한 달에 한 번 이상 둘만의 시간을 가져라.

6. 건강을 챙겨라.
건강해야 사랑도 하고 싸움도 한다. 아내(남편)의 건강을
보살펴라.

7. 매일 10분 이상 대화하라.
아내(남편)에게 하루에 10분 이상 따뜻한 관심을 보여라.

8. 책임과 역할을 생각하라.
진실한 남편으로서, 진실한 아내로서 각자 지켜야 할 책임과
역할이 무엇인지 생각하라.

9. 좋아하는 것을 하고 싫어하는 것을 하지 말라.
아내(남편)가 좋아하는 것을 하고, 싫어하는 것을 하지 말라.

10. 용서하라.
당신이 사랑해서 선택한 사람이니 100번의 100번이라도
용서하라.

#

인간관계

0220

되로 줘라. 말로 받을 것이다.

0221

만남은 인연, 관계는 노력이다.

0222

모난 사람은 되어도 모진 사람은 되지 마라.

0223

인간관계란 너무 가까우면 화상, 너무 멀면 동상.

0224

돈, 명예, 권력에 눈멀지 말라. 오직 사람에 눈멀어라.

0225

"Give & Take" 하지 말고 "Give & Thank you" 하라.

0226

누군가의 비난에 자존심 상하지 마라.
자존심은 과일이 아니다.

0227

세상에서 가장 빼기 힘든 못은
다른 사람의 가슴에 박은 못이다.

0228

성공적인 인간관계의 비결은 마음을 얻는 것이
아니라 마음을 주는 것이다.

0229

인간의 삶을 명품으로 만들어 주는 것은 옷이나 가방이 아니라
손품, 발품, 머리품, 그리고 인품과 베풂이다.

0230

사람이 돈보다 먼저라고 생각하라.
그렇지 않고 돈이 사람보다 먼저라고 생각하면
그는 '돈 사람'이 된다.

0231

꼽게 보지 말고 곱게 보라.
세상에 나보다 못한 사람은 없나니
세상을 곱게 보고 사람을 곱게 보라.
곱게 보는 것이 고운 인생을 사는 길이다.

사람들로부터 인정認定을 받는 일은 매우 중요하다.
그렇지만 그보다 더 중요한 것은
사람에 대한 인정人情을 잃지 않는 일이다.

비를 맞으며 혼자 걸어갈 줄 알면 인생의 멋을 아는 사람이요
비를 맞으며 혼자 걸어가는 사람에게 우산을 내밀 줄 알면
인생의 의미를 아는 사람이다.

가장 반가운 것이 사람이며, 가장 무서운 것이 사람이다.
가장 가까운 것이 사람이며, 가장 먼 것이 사람이다.
무섭고 먼 사람이 아니라 반갑고 가까운 사람이 되어라.

인생을 일류 드라마로 만들어 살고 싶다면
스승이 될 만한 사람을 찾아가 이렇게 말하라.
"내 인생에 출연해 주세요. 당신이 출연해 주면
내 인생이 멋진 한 편의 영화가 될 것입니다."

0236

사람들을 만나면 항상 마음속으로 '나소너소우소'를 명심하라.
"나는 소중하다. 너도 소중하다. 우리는 모두 소중하다." 그리고
그 소중한 사람을 소중하게 대하라. 틀림없이 좋은 인연이
만들어질 것이다.

0237

적을 만들지 말라. 친구는 성공을 가져오지만
적은 위기를 가져오고, 애써 얻은 성공을 무너뜨린다.
조직이 무너지는 것은 3%의 반대자 때문이며
열 명의 친구가 한 명의 적을 당하지 못한다.

0238

누구나 좋은 인연을 만들 수 있는 최고의 비결이 한 가지 있다.
그것은 '나뿐'이라고 생각하는 것이 아니라
'너뿐'이라고 생각하는 것이다.
세상에 단 한 사람뿐인 것처럼 상대방을 대하라.

길을 걸어가는데 돌이 가로막고 있다면
잠시 그 위에 앉아 쉬었다 가면 된다.
마차를 타고 가는데 돌이 가로막고 있다면
마땅히 그 돌을 치우거나 피해 가야 한다.
인연이란 이와 같은 것,
선연善緣과 악연惡緣이 따로 존재하지 않으니
돌을 탓하지 말고 나를 돌아보라.

사람이 길이요, 스승이요, 향기 나는 꽃이다. 인생의
길흉화복은 선연과 악연에서 비롯되는 법이니 항상 따뜻한
말과 따뜻한 행동을 하고 차가운 말과 차가운 행동은 피하라.
사슴은 먹이를 발견하면 무리를 불러 모으고 별은 혼자
빛나지 않는다. 사람은 사람과 함께 살아야 사람이다.

모두가 내 탓이다. 아랫사람과 관계가 좋지 못하면 리더십에
문제가 있는 것이요, 동료와의 관계가 좋지 못하면
파트너십에 문제가 있는 것이다. 윗사람과의 관계가 좋지
못하면 팔로우십에 문제가 있는 것이요, 아내와의 관계가
좋지 못하면 스킨십에 문제가 있는 것이다. 인생이란 배의
항로는 리더십, 파트너십, 팔로우십, 스킨십이라는 노를
어떻게 젓느냐에 따라 달라진다는 사실을 기억하라.

0242

불가와 다도에 일기일회—期—會라는 말이 있다. 평생平生 단 한 번의 만남, 또는 평생 단 한 번의 만남처럼 생각하고 타인과의 만남을 소중하게 대하는 마음가짐을 의미한다. 이와 다른 말로 삼생유행三生有幸이라는 불교 용어가 있다. 태어나기 이전 세상인 전생前生, 지금 살고 있는 세상인 금생今生, 죽은 후의 세상인 후생後生 등 세 번의 생에 걸쳐 만나는 남다르고 특별한 인연을 의미한다.

지금부터 다른 사람을 만날 때는 일기일회의 마음으로 대하라. 틀림없이 삼생유행의 귀한 인연이 만들어질 것이다.

0243

인간관계와 만남을 바라보는 데는 세 가지 방법이 존재한다. 한 가지는 '사람이 재산'이라고 생각하는 것이요, 다른 한 가지는 '사람이 운명'이라고 생각하는 것이다. 마지막 한 가지는 '사람이 우주'라고 생각하는 것이다. 그런데 재산은 잃어버릴 수 있고 운명은 바뀔 수 있지만 우주는 영원히 나와 함께 존재한다. 따라서 누군가를 만났다면 새로운 우주를 만난 것이요, 누군가에게 아픔을 주었다면 우주 전체에 상처를 입힌 것이요, 누군가가 떠나갔다면 우주 전체와 이별한 것이라고 생각하라. 잘났건 못났건 한 명의 사람이 곧 하나의 우주다.

0244

생물학 용어에 역치閾値, threshold value라는 것이 있는데
'외부 자극이 주어졌을 때 신체 반응을 이끌어 내는 최소한의
자극강도'를 말한다. 사람마다 역치의 수치가 각각 다른
것으로 알려져 있다. 즉, 슬픈 영화를 보고 어떤 사람은 눈물을
흘리지만 어떤 사람은 전혀 눈물을 흘리지 않는 것은
두 사람의 역치의 크기가 다르기 때문이다.

대인관계에 있어서도 무언가를 베풀 때는 이 역치를 생각해
보아야 한다. 내가 줄 수 있는 것이 아니라 그 사람이 원하는
것을 주고, 그 사람이 원하는 것보다 훨씬 많이, 훨씬 좋은
것을 주어야 한다. 그 사람이 기대하지 못했던 것을 주어야
한다. 평범한 만족이 아니라 특별한 감동을 주어야 한다.

아내가 깜짝 놀랄 만한 선물을 주라. 친구가 깜짝 놀랄 만한
선물을 주라. 부하직원이 깜짝 놀랄 만한 선물을 주라. 기쁨과
놀람이 가슴에 물결치고 감격의 눈물이 흘러내릴 수 있는
선물을 주라. 그것이 바로 선물이요 그것이 바로 좋은 관계를
만드는 비결이다.

인간관계 5가지 법칙

1. 노크의 법칙
마음의 문을 열려면 먼저 노크를 하라. 그리고 나에 대해
알려주라. 내가 먼저 솔직한 모습, 인간적인 모습, 망가진
모습을 보여주면 상대방도 편안하게 마음의 문을 열기
마련이다.

2. 거울의 법칙
거울은 먼저 웃지 않는다. 내가 웃어야 거울속의 내가 웃듯이
인간관계도 내가 먼저 웃어야 한다. 좋은 관계를 만들고
싶으면 내가 먼저 다른 사람들에게 관심을 갖고 공감하고
배려하라.

3. 상호성의 법칙
사람은 누구나 자신을 좋아하는 사람을 좋아한다. 세상에
자기를 좋아하는 사람을 싫어하는 사람은 없다. 사람들을
만날 때는 항상 호감을 갖고 대하라.

4. 로맨스의 법칙
내가 하면 로맨스, 남이 하면 불륜이라는 말이 있듯이 사람은
모두 자기중심적으로 판단하고 평가한다. 그렇지만 좋은
관계를 맺으려면 이런 이중 잣대를 버려야 한다. 다른 사람의

실수나 잘못에 대해서는 섣불리 비난하지 말고 있는 그대로 인정하라.

5. 짚신의 법칙

짚신에도 짝이 있듯이 사람마다 자신에게 맞는 인연이 있기 마련이다. 인맥을 만들겠다고 싫은 사람과 억지로 가까워지려 애쓰지 마라. 자칫 인간관계가 많아지다 보면 자신도 모르는 사이 악연이 생겨나기 마련이다. 모든 사람을 친구로 만들려 생각하지 말고 마음과 마음이 통하는 사람만 인연을 이어가라.

# #
말

0246

언어는 영혼의 거울.

0247

독설은 독약의 이복형제.

0248

말솜씨는 투박해도 말씨는 고운 사람이 되어라.

0249

과일은 제철이 제맛이다. 사과 역시 마찬가지.

0250

스스로를 칭찬하는 것은 스스로를 욕먹이는 길이다.

0251

입보다 귀가 더 높은 곳에 달려 있는 이유를 잊지 마라.

0252

불평이란 마약과 같다. 한 번 중독되면 벗어나기 어렵다.

0253

욕심과 불평에는 끝이 없고, 감사와 칭찬에는 뒤끝이 없다.

0254

침묵이란 인간이 입으로 할 수 있는 가장 위대한 일이다.

0255

눌변은 달변을 이기지 못하고
달변은 침묵을 이기지 못한다.

0256

발 없는 말이 천 리를 가고, 돌아올 때는 처자식까지 거느리고
온다.

0257

입을 닫아야 할 때 쓰라고 신이 만들어 준 것이 입술이다.
입술을 꽉 물어라.

0258

달변은 사람을 설득시킬 수 있지만
진심은 사람을 감동시킬 수 있다.

0259

탓하지 말고 흉보지 말라.
인간이 탓하고 흉볼 수 있는 건 오직 자기 자신뿐이다.

0260

감투는 그 사람의 신분을 알려 주지만
말투는 그 사람의 인격을 알려 준다.

0261

인생을 뒷담화로 낭비하는 사람이 있고
인생을 담화문에 투자하는 사람이 있다.

0262

몸의 건강을 위해서는 소식小食을 하고
마음의 건강을 위해서는 소언小言을 하라.

0263

어리석은 사람의 입이 원하는 건 면책 특권,
현명한 사람의 입이 원하는 건 묵비권.

0264

누군가와 담을 쌓고 싶으면 악담을 하고
누군가의 담을 무너뜨리고 싶으면 농담을 하라.

0265

언제 화장실 문을 열고 닫아야 하는지는 알면서도 언제 입을
열고 닫아야 하는지는 모르는 것이 인간.

0266

말꼬리를 붙잡고 늘어지는 사람이 있다. 조심하라, 틀림없이
언젠가는 뒷발굽에 차이는 날이 올 것이다.

0267

인간에게 두 개의 귀, 한 개의 입이 있는 이유는 듣기를
두 배로 하라는 뜻이 아니라 말하기를 반으로 줄이라는
뜻이다.

0268

촛불에 데었다고 며칠씩 촛불을 원망하며 지내는 사람은
없다. 그런데 왜 누군가의 말에 데인 상처는 그렇게 하지
않는가?

0269

누군가를 비판하려는데 마음이 아프지 않다면 차라리 입을
다물어라. 신이 혀를 입속에 넣어 둔 이유는 아무 때나 함부로
사용하지 말라는 뜻이다.

0270

소통은 이해시키는 것이 아니라 이해하는 것이다.
소통은 말하는 것이 아니라 듣는 것이며, 듣는 것이 아니라
마음을 읽는 것이다. 소통은 복화술이 아니라 독심술이다.

0271

칼은 1m 떨어진 곳에 있는 사람을 해칠 수 있고, 화살은 100m
떨어진 곳에 있는 사람을, 총은 1,000m 떨어진 곳에 있는
사람을 해칠 수 있지만 입에서 나오는 말은 지구 반대편에
있는 사람도 해칠 수 있다.

0272

'살 맛 안 난다'고 말하지 마라. 그런 말은 식인종이나 하는
말이다. '힘들어 죽겠다'고 말하지 말라. 힘들면 그저 힘 빼면
된다. 내 마음에 전쟁을 불러오는 말(지겨워, 미워, 두려워)을
사용하지 말고 내 마음을 따뜻하게 해 주는 말(사랑해,
미안해, 감사해)을 사용하라. 성공과 실패도, 행복과 불행도
내가 어떤 말을 사용하느냐에 달려 있다.

0273

심리학에 '심리적 부담효과'라는 용어가 있다. 사람은
대차貸借 관계를 균형 있게 유지하려는 의식이 있기 때문에
심리적 부담을 느끼면 상대에게 빚을 갚아야 한다는 감정이
생겨난다. 예를 들어, 칭찬을 받은 사람은 칭찬을 해 준
사람에게 심리적 부담을 느끼고 그에 상응하는 행동을
하게 된다는 것이다. 다른 사람을 기쁘게 해 주면서도 다시
보답으로 돌아오니 칭찬처럼 아무 비용 없이 따뜻하게 베풀
수 있고 자신에게 이로움으로 돌아오는 일이 세상에 어디
있으랴. 하루에 3번 이상은 반드시 다른 사람을
칭찬하는 습관을 갖자.

비판 10계명

1. 상대방의 입장을 헤아린다.

비판을 하기 전에 먼저 상대방을 이해하려 노력한다.
비판하는 사람이 자신의 생각, 감정, 상황을 공감하고 있다고
느껴져야 비판을 잘 받아들인다.

2. 비판하는 이유를 설명한다.

비판하려는 이유를 명확하게 전달한다. 나의 마음에 악의가
없으며 상대방에 대한 호의와 건설적인 발전을 위한
비판이라는 사실을 알게 해 준다.

3. 1:1로 비판한다.

비판은 최대한 공개적으로 하지 않고 1:1로 한다. 다른 사람들
앞에서 공개적으로 비판하는 것은 상대방의 자존심에 심한
상처를 주고 상황을 더욱 악화시킬 뿐이다.

4. 관련된 사항만 비판한다.

본질적인 문제와 관련 없는 지엽적인 문제, 과거에 발생한
문제 등은 언급하지 말고 반드시 직접적으로 관련된 사항만
비판한다.

5. 객관적인 사항만 비판한다.

자의적인 판단이 아니라 객관적인 기준에 의해서 비판하며
비판하는 과정에 주관적인 감정이 개입되지 않도록 주의한다.

6. 구체적으로 비판한다.

추상적인 사항, 일반론적인 얘기, 애매모호한 표현으로
비판하지 말고 구체적인 사례와 데이터, 근거를 갖고
비판한다.

7. 대안을 제시한다.

문제점만을 지적하기보다는 해결책, 대안을 제시하며
비판한다. 자신이 생각하는 바람직한 방향, 상대방이
변화하기를 바라는 점에 대해 의견을 제시한다.

8. 사람에 대해서는 비판하지 않는다.

일에 대해서만 비판하고 상대방을 평가하거나, 책임과 잘못을
전가하거나, 인격적 가치에 상처를 주는 비판은 하지 않는다.

9. 칭찬-비판-칭찬한다.

비판할 때는 먼저 상대방의 긍정적인 면을 칭찬한 후,
문제점에 대해 비판하고, 마지막으로 다시 한 번 칭찬을
건네는 샌드위치 화법을 활용한다.

10. 마음이 즐거우면 입을 다물어라.

"친구를 비판하는데 즐거움이 느껴진다면 입을 다물어라"는
말이 있다. 누군가를 비판하려는데 마음이 아프지 않다면
입을 다물어라.

마음 다스리기

0275

분노란 미친 말과 같다.
다스리려 애쓰지 말고
뛰어내려야 한다.

0276

수심愁心에 가득 찬 얼굴보다 불행한 것은
복수심에 가득 찬 얼굴이다.

0277

화란 성냥불과 같다.
옮아 붙지 않도록만 조심하면
이내 꺼지기 마련이다.

0278

1초만 지나도 전생前生이다.
항상 현생에 살고, 전생의 일은
모두 잊어버려라.

0279

탐욕과 분노는 황색 신호등과 같다.
멈춰야 하는 줄 알면서도 대부분 그대로 직진한다.

0280

화가 목구멍까지 치밀어 오를 때는
오직 두 가지 해결 방법이 존재할
뿐이다.
첫째, 입을 다물어라.
둘째, 이를 악물어라.

0281

누군가의 잘못을 용서하기 어렵다면 그의 가슴에
'초보 인생'이라는 표지가 붙어 있다고 생각하라.
어쩌면 그 밑에 작은 글씨로 이렇게 적혀 있을지도 모르니까.
"저도, 제가 무서워요."

0282

용서란 신이 자신의 모습을 닮을 수 있도록 사람에게 내려 준
특별한 축복이다. 우리는 그 기회를 놓치지 말아야 한다.
누군가를 용서하려는데 마음이 내키지 않는다면 명심하라.
용서란 상대방을 위한 것이 아니라 나를 위한 것이라는
사실을.

0283

누군가를 미워한다는 것은
그에게 기대감을 갖고 있었다는 뜻이다.
내가 기대하는 대로 행동하지 않기 때문에
그가 미워지는 것이다.
그렇다면 이렇게 생각해 보는 건 어떨까?
'나는 그를 미워하는 것이 아니라
그의 행동에 실망을 느꼈을 뿐이다.'
미움은 실망의 다른 모습일 뿐이며,
실망은 그의 책임이 아니라 전적으로 나의 책임일 뿐이다.

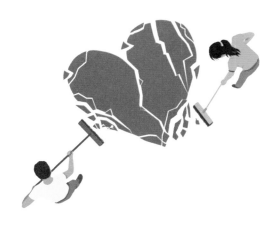

0284

마음속에 분노가 치밀어 오르면 "과연 이렇게까지 화를 낼
필요가 있을까?"라고 스스로에게 질문해 보라.
그렇지 않다고 생각되면 화를 낼 필요가 없고
그렇다고 생각되면 더욱 화를 내서는 안 된다.
그것은 분노로 해결되지 않는 매우 심각한 문제일 것이기
때문이다. 가벼운 문제는 웃고 넘어가고, 중요한 문제는
분노가 아니라 해결책을 찾아라.

0285

누군가가 비난의 화살을 쏘면 가슴에 꽂아 두지 마라.
화살을 뽑지 않으면 상처가 깊어지고 가슴이 썩게 된다.
그러면 복수심에 사로잡혀 상대방의 가슴에 다시 화살을
꽂게 된다. 결국 적과 원수가 만들어지고 인생의 악연이
생겨나는 것이다.
물론 다른 사람의 잘못을 너그럽게 용서하는 것은 절대로
쉬운 일이 아니다. 그렇지만 가슴에 화살을 꽂은 채 평생을
살아간다면 그 또한 너무나 어리석은 일 아니겠는가?
비난이나 비판은 가슴에 담아 두지 말고 흘려보내라.
쓸데없는 원망과 증오로 내 가슴을 썩게 만들지 마라.

잊지 마라

잊지 마라.
너만 그런 것이 아니다.
청춘만 그런 것도 아니고
여자만 그런 것도 아니다.
가난한 사람만 그런 것도 아니고
아픈 사람만 그런 것도 아니다.
실패한 사람만 그런 것도 아니고
불행한 사람만 그런 것도 아니다.
떠나보낸 사람만 그런 것도 아니고
떠나온 사람만 그런 것도 아니다.
사람이라 그런 것이고
인생이라 그런 것이다.
모두가 다 그렇고
누구나 다 그런 것이다.

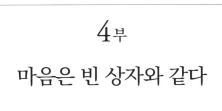

4부

마음은 빈 상자와 같다

#
청춘

청춘은 길 위에 있다.

청춘이여, 걱정에 사로잡히지 말고 격정에 사로잡혀라.

청춘과 사랑은 바람과 같다. 느끼는 순간 지나가 버린다.

청춘에게는 반드시 세 가지 경험이 필요하다.
사랑, 여행, 실패.

0290

청춘에게 물을 수 있는 죄는 오직 한 가지뿐이다.
청춘을 낭비한 죄.

0291

학교에 다닐 때는 손을 잘 들어라. 그렇지 않으면 인생에
손들게 될 것이다.

0292

꾸밈없는 젊음은 아름답지만 꿈 없는 젊음은
빈곤하다.
젊어서는 얼짱보다 꿈짱이 되어라.

0293

누군가에게 '꿈같은 소리를 하고 있다'는 말을 들어 본 적이
있는가? 만약 없다면, 그는 청춘이 아니다.

0294

젊은이여, 실패를 두려워 말라.
우리가 배워야 할 인생의 지혜는 공자, 맹자, 순자가 아니라
패자가 더 많이 알려 주는 법이다.

0295

젊은이여, 야구 방망이를 휘둘러라. 홈런을 칠 수 있을 것이다.
골프채를 휘둘러라. 홀인원을 할 수 있을 것이다.
아무에게나 주먹을 휘둘러라. 인생을 공치게 될 것이다.

0296

젊었을 때 "내 인생은 앞으로 어떻게 될까?"라는 질문에
진지하게 대답하라. 그렇지 않으면 늙었을 때,
"내 인생이 어쩌다 이렇게 됐을까?"라고 묻게 될 테니.

0297

젊은이여, 꿈을 기다리지 마라. 그것은 찾아오는
것이 아니라 발견하는 것이요, 발견하기보다는
정립하는 것이다. 자신의 인생에 대한 자주적인 인간의
독립 선언문, 그것이 바로 꿈이다.

0298

젊은이여, 꿈이 없다고 기죽지 마라. 목적지가 정해져 있다고
반드시 더 멋진 여행이 되는 것은 아니다.
능력이 없다고 원망하지 마라. 천부적인 재능은 하늘의
뜻이지만 초인적인 능력은 사람의 의지에 달려 있다.
실패했다고 자책하지 마라. 누구나 돌부리에 걸려 넘어지지만
그렇다고 인생이 끝나는 것은 아니다.
오직 한 가지만 명심하라. 여행을 망치고 싶지 않다면
즐거운 마음으로 여행해야 한다는 사실을.
그리고 인생이라는 여행 또한 마찬가지라는 사실을.

0299

젊은이여, 인생을 되는 대로 막 살아라. 하고 싶은 일을 하고,
먹고 싶은 것을 먹고, 입고 싶은 것을 입어라. 보고 싶은 것을
보고, 듣고 싶은 것을 듣고, 하고 싶은 말을 하라. 가고 싶은
곳을 가고, 만나고 싶은 사람을 만나고, 사랑하고 싶은 사람을
사랑하라. 떠나고 싶을 때 떠나고, 머무르고 싶을 때 머무르고,
돌아오고 싶을 때 돌아오라. 되는 대로 살고, 끌리는 대로
살아라. 그러면 머지않아 깨닫게 될 것이다.
방황은 청춘의 특권이지만
청춘은 인생의 면죄부가 아니라는 사실을.

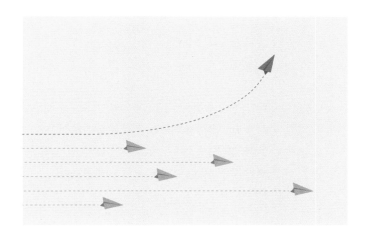

0300

젊은이에게 필요한 최고의 성공 비결은 스승을 찾는 것이다.

성공하고 싶다면 스승을 찾아라.

다른 사람의 실패를 반복하고 싶지 않다면 스승을 찾아라.

인생을 지혜롭게 살고 싶다면 스승을 찾아라.

행복의 비결이 궁금하다면 스승을 찾아라.

꿈을 갖고 싶다면 스승을 찾아라.

평생의 조언자가 필요하다면 스승을 찾아라.

생각과 행동의 변화가 필요하다면 스승을 찾아라.

위로와 격려가 필요하다면 스승을 찾아라.

70억 명이 넘는 인구 중에 스승 한 사람을 찾지 못한다면

그가 인생에서 발견할 수 있는 것이란 도대체 무엇이겠는가?

사람들이 좋아하는 7가지 짱

1. 얼짱
얼굴이 예쁜 사람이 아니라 밝은 미소, 긍정적인 표정을 짓는
사람이 얼짱이다. 화난 표정, 무뚝뚝한 표정을 좋아하는
사람은 아무도 없다. 거울은 먼저 웃지 않으니 내가 먼저 환한
미소를 짓자. 행복해서 웃는 게 아니라 웃으면 행복하다.

2. 몸짱
8등신, 근육질의 몸매가 아니라 바른 자세, 자신감 넘치고
당당한 태도가 몸짱이다. 어깨, 허리를 곧게 펴고 머리를
똑바로 들고 앞을 바라보라. 거만하거나 무기력해 보이지
말고 열정적이고 활기차게 행동하라. 말보다 중요한 것이
몸이다.

3. 맘짱
남을 배려하는 마음, 겸손한 마음, 봉사하는 마음이 맘짱이다.
다른 사람의 잘못이나 실수를 비판하지 말고 자신의 말과
행동을 조심하며 인간관계를 Give & Take가 아닌 Give &
Forget으로 생각하고 조건 없이 먼저 베푸는 마음을 가져야
한다.

4. 배짱

용기 있는 마음, 도전하는 사람이 배짱이다. 실패란 넘어지는 것이 아니라 그 자리에 머무는 것이며 성공에 있어 가장 중요한 것은 좌절을 극복하는 태도다. 어려우면 도전하라. 실패하면 도전하라. 불가능에 도전하라! 인생은 죽는 날까지 멈출 수 없는 도전이다.

5. 말짱

적극적인 말, 긍정적인 말, 유머 있는 말을 잘 하는 사람, 따뜻한 말을 건넬 줄 아는 사람이 말짱이다. 부정적인 말, 소극적인 말을 하지 말고 다른 사람에게 힘과 용기를 주는, 다른 사람의 마음에 기쁨과 행복을 주는 말을 하라

6. 일짱

즐겁게 일하는 사람, 주어진 일에 최선을 다하는 사람, 자신의 분야에서 최고가 되려고 노력하는 사람이 일짱이다. 좋아하는 일을 하라! 하고 있는 일을 좋아하라! 그것이 성공이고 행복이다. 어차피, 누군가, 언젠가 해야 할 일이라면 지금, 먼저, 스스로 최선을 다하자!

7. 꿈짱

함께 이뤄보고 싶은 큰 목표가 있는 사람이 꿈짱이다. 함께 꾸는 꿈만이 진정한 꿈이요, 함께 꾸는 꿈만이 힘을 가질 수 있다. 꿈과 열정을 가지고 하루하루를 치열하게 살아라.

#

배움

0302

비움은 배움의 스승이다.

0303

모든 관념은 고정 관념이다.

0304

가장 뛰어난 관점은 겸손이다.

0305

세상에서 가장 작은 잔은? 쪼잔.

0306

죽은 사람은 관 속으로
산 사람은 도서관 속으로.

0307

책이란 영혼의 산책이요, 양심의 가책이요,
성공과 행복의 묘책이다.

0308

많이 배웠다고 자만하지 마라.
가방끈이 길면 땅에 끌리기 마련이다.

0309

하루에 한 가지씩 그 날의 배울 점을 찾아라.
삶이 현명해질 것이다.

0310

독서와 사색을 즐겨라.
독서는 지혜의 리필이요,
사색은 영혼의 업데이트다.

0311

지혜와 겸손은 시소와 같다.
한쪽이 높아질수록 다른 한쪽은 낮아진다.

0312

겸손은 성공하는 사람의
패스워드요
자만은 실패하는 사람의
패스워드다.

0313

무엇이든 적어라.
암기하는 것은 머리에 남지만
기록하는 것은 역사에 남는다.

0314

운명을 바꾸는 데는 두 가지 방법이 있다.
하나는 책이요, 다른 하나는 사람이다.

0315

무언가를 고민하는데 어떻게 해야 좋을지
갈피를 잡을 수 없다면 책갈피 속에서 길을 찾으라.
책이란 인생의 스승이요, 나침반이다.

0316

청년이란 '왜?'라는 질문이 많은 사람이요,
중년이란 '어떻게?'라는 질문이 많은 사람이고,
노년이란 '언제?'라는 질문이 많은 사람이다.

0317

부자가 되려면 버는 일보다 쓰는 일에 관심을 가져야 한다.
머리와 시간 그리고 돈을 쓰는 세 가지 방법에 의해
부자와 빈자가 결정된다.

0318

젊어서는 자신이 세상을 바꾸려 노력하고,
중년에는 세상이 자신을 바꾸지 않도록 노력하고,
노년에는 세상이 자신을 바꾸도록 노력하라.

0319

매일 저녁 색안경을 벗고, 생각의 옷을 갈아입고, 마음의 때를
씻어라. 아집과 편견은 지혜로운 인간이 되기 위해 물리쳐야
할 최대의 적이다.

0320

나는 사람들이 말하는 어떠한 성공成功도 추구하지 않는다.
성불成佛도 내가 원하는 것은 아니다. 내가 유일하게 바라는
것은 스스로 온전한 성인成人이 되는 일뿐이다.

0321

모르는 것을 아는 척하기란 어렵다.
그렇지만 아는 것을 모르는 척하기란 더욱 어렵다.
어리석은 사람은 모르는 것을 아는 척하고,
현명한 사람은 아는 것도 모르는 척한다.

0322

미래는 주사위와 같다. 낙관론자는 6이 나올 것이라 기대하고
비관론자는 1이 나올 것이라 걱정한다.

#

지혜

0323

즐길 수 없다면 피하라.

0324

사회는 네트워크, 인생은 네트워킹이다.

0325

인간이 이념을 만들고 이념이 인간을 부린다.

0326

근면은 일생의 빛이요, 게으름은 일생의 빚이다.

0327

세상을 따뜻하게 만드는 건 컴퓨터가 아니라 키스다.

0328

남자에게 필요한 건 비너스, 남편에게 필요한 건 보너스.

0329

종교란 과학자에게는 대안이요, 철학자에게는 위안이다.

0330

정치란 수건돌리기와 같다. 항상 떠넘기기에 급급하니까.

0331

신용은 돈으로 얻을 수 있지만 신뢰는 돈으로도 살 수 없다.

0332

세상을 주름잡을 수는 있어도 얼굴의 주름은 잡을 수 없다.

0333

대중에 휩쓸리지 마라. 유행은 대개 우행愚行의 형제자매다.

0334

에티켓을 잘 지켜라. 예의는 넥타이와 같고 무례는 올가미와
같다.

0335

범사에 분노하라.
불만은 진보의 아버지요, 분노는 진보의 어머니다.

0336

다수결은 민주주의의 원칙이지만
소수자 보호는 민주주의의 양심이다.

0337

교만한 자의 입속에는 독사가 자라고
겸손한 자의 입속에는 꽃이 자란다.

0338

물리적 거리를 좁혀 주는 건 디지털이지만
마음의 틈을 좁혀 주는 건 아날로그다.

0339

'정의는 평등하지 못하고 평등은 정의롭지 못하다'는 것이
민주주의의 영원한 딜레마.

0340

사랑에 빠지면 상사병相思病에 걸리지만
권위의식에 빠지면 상사병上司病에 걸린다.

0341

인기란 장례식에 참석하는 문상객과 같다.
최고의 찬사를 바치지만 곧 잊어버리고 만다.

0342

남자의 자신감은 지갑의 두께에 정비례하고
여자의 자신감은 주름의 깊이에 반비례한다.

0343

누구나 손만 있으면 실천할 수 있는 세 가지 위대한 일이 있다.
기도와 악수, 그리고 박수.

0344

지금 올바른 일을 하고 있는가? 아니면, 지금 하고 있는 일을
그저 올바르게 하고 있는가?

0345

어떤 일을 시작했는데 옳지 않다고 판단되면 속히 발을 빼라.
훗날 발뺌할 일이 없을 것이다.

0346

머리는 현명하게, 가슴은 따뜻하게, 입은 부드럽게,
손은 친절하게, 발은 신중하게 사용하라.

0347

청년 시절에는 가장 멀리 날고,
중년 시절에는 가장 높게 날고,
노년 시절에는 가장 낮게 날아라.

0348

모든 사람들이 동의할 만한 진리 한 가지가 있다.
행운은 으레 잘못 찾아가고 불운은 으레 잘못 찾아온다는 것.

0349

돈의 노예가 되면 몸이 비굴해지고
사랑의 노예가 되면 마음이 초라해지고
감정의 노예가 되면 영혼이 황폐해진다.

0350

겸손은 인간관계를 성공으로 이끄는 디딤돌이요,
교만은 인간관계를 실패로 이끄는 걸림돌이다.
겸손한 자에게는 적이 없고, 교만한 자에게는 친구가 없다.

0351

지갑 속에는 돈을
주머니 속에는 열쇠를
머릿속에는 지혜를
가슴속에는 열정을
눈 속에는 사랑을
입속에는 겸손을
주먹 속에는 용서를
신발 속에는 용기를
갖고 다녀라.

0352

어린아이를 달콤하게 만드는 것은 초콜릿,
청년을 달콤하게 만드는 것은 키스,
중년을 달콤하게 만드는 것은 자녀의 웃음소리,
노년을 달콤하게 만드는 것은 연금,
모든 사람을 달콤하게 만드는 것은 칭찬.

0353

포기하고 싶을 때는 무엇이든 과감하게 포기하라. 사랑을
위해 사랑도 포기하거늘 세상에서 포기할 수 없는 유일한
것은 목숨뿐이다. 대개 사람들이 인생을 망치는 이유는
용기를 내지 못해서가 아니라 포기를 해야 할 때 포기하지
못하기 때문이라는 사실을 기억하라.

0354

남아메리카에 '맥'이라는 이름의 동물이 있다.

발굽이 앞발에 4개, 뒷발에 3개가 있고, 코와 윗입술이 길게
자란 모양이 코끼리의 조상을 연상하게 하는 등 그 모습이
불완전하게 느껴져 창조주가 동물을 만들다가 남은 부분을
모아서 이 동물을 만들었다는 전설이 전해 내려온다.

맥은 인류가 지구상에 출현하기 전부터 존재했는데 진화를
하지 않는 동물이어서 학자들은 '살아있는 화석'이라
부르기도 한다. 혹시 나의 영혼도 맥과 같은 것은 아닐까?

인생에 필요한 5가지 끈

인생은 끈이다. 사람은 끈을 따라 태어나고, 끈을 따라
맺어지고, 끈이 다하면 끊어진다. 끈은 길이요, 연결망이요,
인연이다. 내가 맺는 좋은 끈이 좋은 인연, 멋진 인생을
만든다.

1. 매끈
까칠한 사람이 되지 마라. 보기 좋은 떡이 먹기 좋고 모난 돌은
정맞기 쉽다. 세련되게 입고, 밝게 웃고, 자신감 넘치는 태도로
매너 있게 행동하라. 외모가 미끈하고 성품이 매끈한 사람이
되라.

2. 발끈
오기 있는 사람이 되라. 실패란 넘어지는 것이 아니라 넘어진
자리에 머무는 것이다. 동트기 전이 가장 어두운 법이니
어려운 순간일수록 오히려 발끈하라! 가슴속에 불덩이
하나쯤 품고 살아라.

3. 화끈
미적지근한 사람이 되지 마라. 누군가 해야 할 일이라면 내가
하고, 언젠가 해야 할 일이라면 지금 하고, 어차피 할 일이라면
화끈하게 하라. 눈치 보지 말고 소신껏 행동하는 사람,

내숭떨지 말고 화끈한 사람이 되라!

4. 질끈
용서할 줄 아는 사람이 되라. 실수나 결점이 없는 사람은 없다.
다른 사람을 쓸데없이 비난하지 말고 질끈 눈을 감아라. 한번
내뱉은 말은 다시 주워 담을 수 없으니 입이 간지러워도 참고,
보고도 못 본척 할 수 있는 사람이 되라. 다른 사람이 나를
비난해도 질끈 눈을 감아라.

5. 따끈
따뜻한 사람이 되라. 계산적인 차가운 사람이 아니라
인간미가 느껴지는 사람이 되라. 털털한 사람, 인정 많은 사람,
메마르지 않은 사람, 다른 사람에게 베풀 줄 아는 따끈한
사람이 되라.

끈끈한 만남이 그리운 세상이다. 쉽게 만나고 쉽게 헤어지는
인연이 아니라 한번 인맥은 영원한 인맥으로 만나려는
끈끈한 사람들이 아쉬운 세상이다. 매끈, 발끈, 화끈, 질끈,
따끈함으로 질긴 인연의 끈을 만들어 보자. 나도 누군가에게
좋은 끈이 돼 주고 싶다.

\#
시간

0356

주름이란 인생의 나이테.

0357

오늘은 다시 돌아가고 싶은 어제다.

0358

신이 모든 사람에게 공평하게 내려 준 재산이 시간,
신이 모든 사람에게 공평하게 내려 준 재능이 미소.

0359

일주일 중에서 가장 즐겁고 행복한 날은? 선데이Sunday.
일주일 중에서 가장 힘들고 피곤한 날은? 투데이Today.

0360

미래에 대해서는 별다른 관심이 없다.
나의 마음을 사로잡는 것은
"지금 이 순간, 가슴 뛰는 삶을 살고 있는가?"
라는 문제뿐이다.

0361

매일 아침 눈을 뜰 때면 이렇게 생각하라.
"하루는 인생의 일부가 아니라 일생의 전부다. 오늘의 역사는
오늘 끝나며 내 인생에 덤은 없다."

0362

자서전은 대필할 수 있지만 인생은 직접 써야 하고,
자서전은 교정할 수 있지만 인생은 고쳐 쓸 수 없다.
오늘 하루를 인생의 명장면으로 만들어라.

0363

매일 아침 눈을 뜨는데 왜 조금 더 현명하게 살지 못하는가?
매일 밤 눈을 감는데 왜 조금 더 너그럽게 살지 못하는가?
어제보다 더 현명하게, 어제보다 더 너그럽게 살지 못했다면
오늘은 실패한 하루다.

0364

"오늘 또 인생의 하루가 줄어들었다."고 한탄하지 말라.
"오늘 또 치열하고 진실되게 산 인생의 하루가 늘어났다."고
말하라. 참다운 인생은 하루하루 줄어드는 것이 아니라 가치
있게 산 날들이 하루하루 늘어나는 것이다.

0365

세상에서 황금이나 소금보다 소중한 것은 '지금'이라 말한다.
아마도 어떤 사람은 '현금'이라고 말하고 싶을 것이다.
나는 이렇게 말하고 싶다. 세상에서 가장 소중한 것은
'지금'이지만 세상에서 가장 소중했던 것은 '방금'이라고.

40대를 위한 10계명

1. 가슴 뛰는 삶을 살아라.
40대가 되면 건강과 열정을 최우선으로 관리하라. 노인이란
나이가 아니라 건강과 열정을 잃어버린 사람이다. 하루에
30분 이상 땀을 흘리고, 하루에 30분 이상 열정에 사로잡혀라.
인생의 목적은 안전이 아니라 도전과 모험이다. 지금 가슴
뛰는 삶을 살아라.

2. 마지막 승부를 걸어라.
40대는 인생의 중반전이다. 후반전의 승리를 위해 가진 것을
모두 걸고 승부하라. 이기고 있는 사람은 굳히기를, 지고 있는
사람은 뒤집기를 위해 마지막 휘슬이 울릴 때까지 온몸을
뜨겁게 불살라라.

3. 인생 방정식을 만들어라.
40대에는 자신만의 인생 방정식을 만들어라. "행복하게
사는 것이 성공이고, 일상에서 작은 계획을 실천하는 것이
행복이다"는 식으로 자신의 성공과 행복 방정식을 적어보라.
인생과 미래가 더욱 명확해질 것이다.

4. 남과 다르게, 어제와 다르게 하라.
40대가 되면 자신만의 일가—家를 이뤄야 한다. 그러기

위해서는 어제와 다른 일을, 어제와 다른 방법으로 해야
한다. 매일 아침 스스로에게 "남과 다르게, 어제와 다르게
일하고 있는가?"라고 질문하라. 그것이 성공의 유일한 핵심
비결이다.

5. 행복하지 않은 시간도 행복하게 살아라.

40대에는 스스로 행복을 만들 수 있어야 한다. 항상 감사하고,
많이 웃고, 사람들에게 베풀어라. 내일을 위해 오늘의 행복을
포기하지 말고, 지금 이 순간 소소한 일상에서 행복을
만들어라. 행복은 택배로 배달되지 않는다. 그것은 내가
스스로에게 주는 정성어린 선물이다.

6. 아내를 여왕처럼 모셔라.

40대에는 아내의 시종이 되어라. 아내란 청년 시절에는
연인이고, 중년 시절에는 친구이며, 노년 시절에는 간호사다.
결혼 전에 여왕처럼 모시겠다고 약속했으니, 10년쯤은
여왕처럼 모시고 살아야 한다. 아내도 남편을 대할 때는
왕처럼 존중하라.

7. 부모에게 효도하고, 자식에게 격려하라.

40대는 관계의 거울이다. 부모에게 효도하면 자식에게 효도
받고, 자식을 격려하면 부모에게 인정받는다. 부모님 생전에
효도하고, 자식들이 품안을 떠나기 전에 따뜻하게 격려하라.
부모님께 매일 저녁 문안 전화를 드리고, 자식에게 매일 아침

응원의 말을 건네라.

8. 옛 사람을 소중히 하라.

40대에는 걸림돌이 아니라 디딤돌이 되어라. 옛 사람을
찾아가면 옳게 사는 것이고, 옛 사람이 찾아오면 옳게 사는
것이다. 사람보다 소중한 것은 세상에 아무것도 없다는
사실을 기억하고 옛 사람의 성공과 행복에 도움을 줘라.

9. 탓하지 말고 흉보지 마라.

40대는 불혹의 나이다. 삶이 밝을 때나 어두울 때나 절대로
불평하지 마라. 세상이 공평하지 않다는 사실을 받아들여야
인생이 공평해진다. 사람들에 대한 쓸데없는 비난도 삼가라.
인생에서는 열 명의 친구를 만드는 것보다 한 명의 적을
만들지 않는 것이 중요하다.

10. 딴살림을 차려라.

40대가 되면 하루에 1시간쯤은 자신만을 위해 살아라.
가족이나 다른 사람을 위해 헌신하되, 절대로 희생하지 마라.
좋아하는 음악을 듣고, 좋아하는 그림을 그리고, 좋아하는
글을 쓰며 살아라. 개인통장을 만들고 매월 일정 금액을
저금하라.

\#

영혼

0367

천둥과 번개소리가 아니라 영혼과 양심의 소리에 떨며 살라.

0368

아침에는 몸을 깨우는 자명종을, 밤에는 영혼을 깨우는
자명종을.

0369

사람의 몸은 이따금씩 휴식을 필요로 한다. 영혼은 더더욱
그러하다.

0370

몸무게에는 관심이 많으면서도 영혼의 무게에는 관심이 없는
것이 사람.

0371

몸의 때는 물로 씻고
마음의 때는 책으로 씻고
영혼의 때는 눈물로 씻어라.

0372

친구를 찾고 싶으면 집 밖으로 나가고
나를 찾고 싶으면 마음속으로 들어가라.

0373

평화를 지키기 위해 전쟁을 치러야 할 때가 있다.
영혼의 평화 또한 마찬가지.

0374

매일 아침 몸을 일으키지만 하루 종일 영혼이 잠자고 있다면
그것은 죽은 하루다.

0375

먹구름이 몰리면 비는 쏟아지기 마련.
그렇다고 반드시 천둥이나 번개까지 칠 필요는 없다.

0376

마음의 상처란 대부분 자기 자신에게 달려 있다.
상처는 절대로 받지 말고, 입지 말고, 키우지 마라.

0377

마음은 빈 상자와 같다.
보석을 담으면 보물 상자가 되고
쓰레기를 담으면 쓰레기 상자가 된다.

0378

'하나도 변한 게 없다'는 말은 얼굴에 대한 최상의 칭찬이지만
영혼에 대해서는 최악의 모욕이다.

0379

'영혼을 팔아서라도 이루고 싶은 꿈'은 소중하다.
그렇지만 '꿈을 포기해서라도 잃어버리고 싶지 않은 영혼'은
더욱 소중하다.

0380

커피의 맛을 좌우하는 것은 설탕의 양이 아니라 커피의
향이다. 인생 또한 마찬가지. 돈이나 명성이 아니라 영혼의
향이 인생의 멋과 깊이를 좌우한다.

0381

캘린더에 한 달에 한 번 '나의 날'을 만들어라.
인간은 왜 자신이 세상에서 가장 소중한 존재라고 믿으면서도
정작 자신을 위한 기념일 하나 만들지 못한 채 살아가는 걸까?

0382

타인과의 대화를 잘하는 방법에 대해서는 궁금해 하는
사람들이 많은데 자신과의 대화를 잘 하는 방법에 대해서는
알고 싶어 하는 사람이 그다지 많지 않다. 잘 하고 있기
때문일까? 중요하지 않기 때문일까?

0383

영혼에도 분리수거의 날을 정하라. 교만과 허영의 빈 깡통,
불평과 불만의 폐지, 원망과 질투의 페트병, 탐욕과 이기심의
고철 덩어리를 일주일에 한 번씩 내다 버려라. 깨끗한 집보다
중요한 것은 깨끗한 영혼을 만드는 일이다.

0384

누구나 평생 부자로 사는 비결이 하나 있다.
돈이 많을 때는 돈 부자, 일이 많을 때는 일 부자, 돈과 일이
없으면 시간 부자, 시간마저 없을 때는 사람 부자로 살면 된다.
세상에서 가장 큰 부자는 곳간이 풍요로운 사람이 아니라
영혼이 풍요로운 사람이다.

0385

내가 이룬 성공은 든든한 후원자 한 명 덕분이다.
실패와 좌절을 겪을 때마다 그는 언제나 따뜻한 위로와
격려를 보내 주었다. 그가 내미는 손에 힘입어 나는 넘어진
자리에서 다시 일어설 수 있었다. 변함없이 나를 지켜 준
후원자, 그의 이름은 '내 마음속의 자아'다.

0386

인생에는 세 개의 통장이 있다. 하나는 돈과 재물의 통장이요,
다른 하나는 인간관계의 통장이요, 마지막 하나는 영혼의
통장이다. 첫 번째 통장은 마이너스가 될 수도 있지만, 두 번째
통장은 항상 잔고를 유지해야 하고, 세 번째 통장은 조금씩
잔고를 늘려 나가야 한다. 돈 부자보다는 사람 부자가 되고,
사람 부자보다는 영혼 부자가 되어라.

아깝다

화를 내는 시간이 아깝다.
슬픔에 젖어 있는 시간이 아깝다.
다른 사람을 비난하는 시간이 아깝다.
지나간 일을 후회하는 시간이 아깝다.
다른 사람이 가진 것을 부러워하는 시간이 아깝다.
아직 다가오지 않은 일을 걱정하는 시간이 아깝다.
모든 것은 흘러가고 다시 돌아오지 않으니
지금 이 순간이 참으로 아깝지 않은가.
아까운 인생을 불행의 시간으로 흘려보내지 말라.
불행을 선택하기에는 인생이 너무 짧다.

5부

삶은 동사가 아니라
감탄사로 살아야 한다

#

행복

0387

행복과 불행 사이의 거리는 한 뼘.

0388

권태는 행복의 적, 열정은 행복의 우군.

0389

불행은 고무줄과 같아 잡아당기면 당길수록 계속 늘어난다.

0390

삶은 화살,
성공은 과녁을 맞히는 것,
행복은 창공을 즐기는 것.

0391

행복에는 두 가지 지름길이 있다.
하나는 감사, 다른 하나는 감동이다.

0392

꿈에는 등급이 없고
성공에는 대역이 없고
행복에는 극본이 없다.

0393

성공을 찾으려면 눈에 불을 켜고
행복을 찾으려면 마음에 불을 밝혀라.

0394

행복의 길은
혼자 걸어가기에는 너무 좁고
함께 걸어가기에는 충분히 넓다.

0395

진정한 행복이란 잃고 싶지 않은 것이라기보다는
함께 나누고 싶은 것이다.

0396

행복은 택배로 배달되지 않는다.
행복은 내가 스스로에게 주는 정성 어린 선물이다.

0397

때로는 '인생이 조금 불행하면 또 어때!'라는 생각이
나를 행복하게 만들어 주었다.

0398

삶에 필요한 것을 얻어라. 행복해질 것이다.
삶에 불필요한 것을 버려라. 더욱 행복해질 것이다.

0399

인간이 불행한 존재라는 사실에 대해서는 두말할 필요 없다.
자신이 얼마나 행복한지조차 모른 채 살아가니까.

0400

"10년만 더 젊었더라면"이라고 말하는 사람보다는
"10년 더 늙지 않았으니"라고 말할 줄 아는 사람이 행복하다.

0401

낮에 '행복의 비결은 좋은 생각을 하는 것'이라 생각했는데
밤에 '행복의 비결은 아무 생각을 하지 않는 것'이라
생각하네.

0402

신이 실패와 좌절이라는 물웅덩이를 만들어 놓았다는 것은
분명한 사실. 그렇지만 그것을 불행이라는 늪으로 만드는
것은 인간 자신.

0403

지금 행복해라. 내 인생은 나의 것이지만 내일은 나의 것이
아니다. 미래를 위해 현재를 희생하지 말고 지금 이 순간을
즐겨라.

0404

행복이라는 바닷가에 도착하기 위해 반드시 성공이라는 산을
넘어야 할 필요는 없다는 사실을 사람들은 대개 산 중턱쯤에
이르러서야 깨닫곤 한다.

0405

성공이 100m 경주라면
인생은 42.195km 마라톤이요, 행복은 경보다.
성공은 빨리 달려야 하고
인생은 끈기 있게 달려야 하고
행복은 천천히 달려야 한다.

0406

행복의 문으로 입장하고 싶다면 열쇠를 찾으려 두리번거리기
전에 먼저 문이 잠겨 있는지 확인하라.
대개 행복으로 들어가는 문에는 자물쇠가 채워져 있지 않다.

0407

삶은 시시각각 우리 앞에 놓이는 갈림길이다.
과거에 대한 추억과 한탄, 현재에 대한 감사와 불평,
미래에 대한 설렘과 두려움 중에서 어느 길을 택하느냐에
따라 행복과 불행이 결정된다.

0408

언제, 어디서나, 누구든지, 즉시 행복해질 수 있는 비결이
한 가지 있다. 그것은 바로 '나는 행복하다'고 생각하는
것이다. '행복하다'고 생각할 수 있는 사람이 행복하고
'행복하다'고 생각할 수 없는 사람이 불행하다.

0409

돈이 많은 사람은 명예를, 명예를 얻은 사람은 권력을,
권력을 얻은 사람은 청춘을, 청춘을 가진 사람은 멋진 외모를,
멋진 외모를 지닌 사람은 돈이 많은 사람과 비교하며
스스로 불행의 늪에 빠진다.
행복한 삶을 원한다면 비교와 시샘을 버려라.

0410

인생의 목적이 행복이라고 말하는 것은 촛불의 목적이
뜨거워지는 것이라고 말하는 것과 마찬가지다.
촛불의 목적은 세상을 밝히는 것이요 인생의 목적은 자신의
영혼을 밝히는 것이다.
행복은 인생의 목적이 아니라 부산물이다.

0411

사실 행복의 비결은 간단하다. 그저 좋은 생각을 하면 된다.
좋은 생각을 하면 좋은 말, 좋은 행동이 나오고
결국 좋은 삶이 만들어진다.
나와 너 그리고 세상에 대해 좋은 생각을 하라.
과거, 현재, 미래에 대해 좋은 생각을 하라.

0412

세상에는 매일 불평불만을 늘어놓는 앵무새,
어디에서도 만족할 줄 모르고 떠돌아다니는 철새,
스스로 행복하게 살아가는 파랑새,
이렇게 세 가지 유형의 사람이 있다.
행복을 얻고 싶다면 앵무새나 철새가 아닌 파랑새가 되어라.

0413

'내 삶은 왜 이렇게 불행한 걸까?'라는 생각이 마음속에
떠오르면 스스로에게 다시 질문해 보라. '내 삶은 왜 반드시
행복해야만 하는 걸까?' 행복해야 하는데 행복하지 못하다는
생각이 불행의 가장 큰 원인이다. 행복에 대한 집착과 욕심을
버려라. 조금 덜 불행해질 것이다.

0414

행복하지 않은 시간도 행복하게 살아라.
인생에서 저절로 찾아오는 행복은 찰나에 불과할 뿐이다.
만약 우리가 행복한 시간만을 소중히 여긴다면 행복하지 않은
인생의 대부분은 그저 무의미하게 흘러가 버릴 것이다.
미래가 아니라 현재에 살며, 내일이 아니라 지금이라는
시간을 행복하게 만들어라. 인생에서 '행복하지 않은 시간'을
소중히 채워 가는 것, 그것이 바로 행복이다.

나는 행복 방정식을 $H=E+P+R$이라 생각한다.
H는 행복Happiness, E는 노력Effort, P는 긍정Positive, R은
관계Relationship를 의미한다.
행복은 노력이다. 행복은 선택하는 것이며 행복한 사람은
스스로 행복해지는 것을 선택했을 뿐이었다. 행복은
긍정이다. 스스로 행복하다고 믿지 않는 한 누구도 행복할
수 없다. 부족한 것보다는 가진 것들에 대해 감사하고
비관보다는 낙관, 부정보다는 긍정할 줄 아는 사람만이
행복할 수 있다. 행복은 관계 속에서 찾아온다. 누군가를
사랑하고, 누군가에게 사랑받고, 서로 베풀고 나누는 관계
속에서 참된 행복을 얻을 수 있다.

0416

세잎 클로버의 꽃말은 행복, 네잎 클로버의 꽃말은 행운이다. 흔히 사람들은 눈에 잘 보이지 않는 행운(네잎 클로버)을 찾으려 애쓰기보다는 주변에 가득 널려 있는 행복(세잎 클로버)을 더 소중히 여겨야 한다고 말한다. 그렇지만 달리 생각해 보면 네잎 클로버를 찾으려는 결심과 행동이야말로 보다 높은 차원의 행복이 아닐까? 일상의 평범함에 만족하기보다는 현실에서 이루기 힘든 크고 위대한 꿈, 불가능한 비전에 도전하는 것이야말로 우리가 추구해야 할 가장 가슴 뛰는 행복일 것이다. 세잎 클로버를 소중하게 생각하되 네잎 클로버 찾는 일을 포기하지 마라. 진정한 행복은 만족이 아니라 도전이다.

행복 10계명

1. 행복을 기다리지 마라.

행복은 손님이 아니다. 인생이 나에게 보장해 준 시간은
오늘뿐이라는 사실을 명심하고 지금 이 순간을 행복하게
살아야 한다. 윌리엄 펠프스는 이렇게 말했다 "행복이란
손닿는 곳에 있는 꽃들로 꽃다발을 만드는 솜씨."

2. 행복은 운명이 아니라 선택이다.

행복은 운명이나 동전 던지기가 아니다. 'Dream is nowhere'와
'Dream is now here', 그리고 'impossible'과 'I'm possible'
사이에서 우리가 무엇을 선택하느냐에 따라 행복과 불행이
결정된다. 윌리엄 블레이크는 이렇게 말했다. "매일 아침,
매일 밤 태어나 비참하게 되는 자 있고, 매일 아침, 매일 밤
태어나 즐거워지는 이 있다."

3. 행복을 얻으려면 대가를 지불하라.

행복은 공짜로 얻어지지 않는다. 성공하려면 땀과 노력이
필요하듯이 행복도 그에 상응하는 대가를 요구한다. 하루를
행복하게 살고 싶다면, 하루를 행복하게 살기 위해 노력하라.
알랭 드 보통은 이렇게 말했다. "사람은 누구나 행복하기를
간절히 바라는데, 그러기 위해서는 온갖 힘을 기울여야 한다.
행복이 찾아오기만 기다려 문을 열어둔 채 방관만 하고
있다면 들어오는 것은 슬픔뿐이다."

4. 행복은 사소한 것이다.

행복은 거창한 것이 아니라 사소한 것이다. 행복해지고
싶다면 일상의 삶에서 작은 기쁨과 즐거움을 발견할 줄
알아야 한다. 윌리엄 해즐릿은 이렇게 말했다. "우리가 행복을
남의 손에다 맡긴다면, 자질구레한 일상사, 사랑, 우정, 결혼
등에서 전혀 안정감을 느끼지 못할 것이다."

5. 행복은 입맞춤과 같다.

사랑하는 것은 사랑받느니보다 행복하다는 말처럼, 행복을
위해서는 누군가를 사랑하고 서로의 체온을 나눠야 한다.
디어도어 루빈은 이렇게 말했다. "행복은 입맞춤과 같다.
행복을 얻기 위해서는 누군가에게 행복을 주어야만 한다."

6. 가진 것과 이룬 것으로 행복해라.

행복을 가로막는 가장 큰 장애물은 만족할 줄 모르는
욕심이다. 이미 가지고 있는 것, 이미 이룬 것에 감사할 줄
아는 사람만이 행복할 수 있다. 막심 고리키는 이렇게 말했다.
"행복을 자신의 손안에 꽉 잡고 있을 때는 그 행복이 항상
작아 보이지만, 그것을 풀어준 후에야 비로소 그 행복이
얼마나 크고 귀중했던지 알 수 있다."

7. 하고 싶은 일을 하고, 느긋하게 쉬어라.

우리는 하고 싶은 일을 하며 살 권리가 있고, 또 그렇게 살기
위해 노력해야 한다. 그렇다고 일벌레가 되어서는 안 된다.
발타자르 그라시안은 이렇게 말했다. "적당하게 일하고 좀 더

느긋하게 쉬어라. 현명한 사람은 느긋하게 인생을 보냄으로써 진정한 행복을 누린다."

8. 비교와 시샘으로 불행에 빠지지 마라.

돈이 많은 사람은 명예를, 명예를 얻은 사람은 권력을, 권력을 얻은 사람은 청춘을, 청춘을 가진 사람은 멋진 외모를, 멋진 외모를 지닌 사람은 돈이 많은 사람과 비교하며 불행에 빠진다. 행복을 위해서는 비현실적인 비교 습관을 버려야 한다. 아르투어 쇼펜하우어는 이렇게 말했다. "우리는 남을 부러워하는 데 인생의 4분의 3을 쓰고 있지는 않은가?"

9. 많이 웃고, 즐거운 상상을 하라.

행복의 비결은 많이 웃고, 부정적인 감정을 떨쳐버리는 데 있다. 적어도 하루에 세 번 이상 웃고, 세 번 이상 즐거운 생각에 잠겨라. 에이브러햄 링컨은 이렇게 말했다. "인간은 자기가 마음먹은 만큼만 행복해진다"

10. 스스로 파랑새가 되라.

세상에는 날마다 불평불만을 반복하는 앵무새, 어디서도 만족할 줄 모르고 떠돌아다니는 철새, 스스로 행복하게 살아가는 파랑새와 같은 세 가지 유형의 사람들이 있다. 행복의 파랑새를 만나고 싶다면 앵무새나 철새가 아닌 파랑새가 되어라. 존 베리는 이렇게 말했다. "파랑새는 자신을 잡으려 하지 않는 사람의 손에 날아와 앉는다."

#
인생

0418

이따금 막막하고 자주 먹먹해도 늘 묵묵하게.

0419

삶은 동사가 아니라 감탄사로 살아야 한다.

0420

인생의 목적은 속도가 아니라 방향이며
도착이 아니라 여정이다.

0421

인생을 행복하게 살아가는 비결이 하나 있다.
"참, 다행이야."라는 말을 많이 하라.

0422

인생의 정답을 찾으려 애쓰지 마라.
아직 문제가 무엇인지조차 밝혀지지 않았으니.

0423

전쟁에서 승리한 영웅에게는 박수를.
인생이라는 전쟁터에서 살아남은 자신에게는 갈채를.

0424

자식의 도리도 못한 채 아비가 되고 아비의 도리도 못한 채
할아버지가 되는 것, 그것이 인생이다.

0425

나이를 먹는다고 누구나 어른이 되는 것은 아니다.
마찬가지로 나이를 먹었다고 누구나 어른이 될 필요가 있는
것도 아니다.

0426

인생은 짧다. 그 말을 입 밖에 내어 말하기에는.
그렇지만 그 말을 천만 번 되풀이 말할 수 있을 만큼은
충분히 길다.

0427

대다수의 사람들이 받았다는 사실조차 알지 못하지만
누구에게나 주어지는 가장 큰 생일 선물이 한 가지 있다.
그것은 바로 다시 생일을 맞았다는 사실이다.

0428

"인생이 한 편의 영화, 또는 한 권의 책이라면 나의 인생에는
어떤 제목이 붙여질까?" 이 질문이 당신의 미래를 결정한다.

0429

젊었을 때는 '이대로 그냥 죽고 싶다'며 진저리를 치다가도
늙어서는 '이대로 그냥 죽을 수는 없다'며 몸부림을 치는 것이
인생이다.

0430

인생에서 청년 시절은 면, 중년 시절은 선, 노년 시절은 점과
같은 것. 젊었을 때는 방황하고 나이가 들면 반복하며
늙어서는 꼼짝하지 않는다.

0431

인생에는 후회할 수 없는 일이 있고,
후회해서는 안 되는 일이 있고,
후회하고 싶지 않은 일이 있다.
그 밖의 후회라면 그야말로 후회할 필요 없는 후회다.

0432

누군가에게 위대한 영웅이 되는 것은
인간으로서 추구해 볼 만한 목표지만
스스로에게 부끄럽지 않은 사람이 되는 것은
인간으로서 지켜야 할 책임이다.

0433

'삶의 회의'라는 단어를 사용하지 말라. 회의가 필요한 곳은
인생이 아니라 직장이다.
'인생무상'이라는 말도 사용하지 말라. 인생에는 공짜가
없으며 성공과 행복은 언제나 유상有償이다.

0434

인생이 무엇인지, 왜 살아야 하냐고 물어보면
나는 '잘 모르겠다'고 대답할 것이다.
그렇지만 인생을 어떻게 살아야 하느냐고 물어본다면
나는 이렇게 대답할 것이다.
"남과 다르게, 그리고 어제와 다르게 살아라."

0435

인생이란 이름의 학교에서 가장 놀라운 일은
단 한 명도 조기 졸업을 원하는 학생이 없다는 사실이다.
그런데 그보다 더 놀라운 일은 대부분의 사람들이 평생
학교생활에 대해 불평불만을 늘어놓는다는 사실이다.

0436

인생은 해답지 없는 문제집을 푸는 일이요, 목적지 없이
출항한 배가 항로를 찾는 일이다.
또한 인생은 내가 쓰면 정답이 되는 문제집이요, 내가 지나는
길이 항로가 되는 항해다.
인생은 정답 없는 질문이요, 질문 없는 정답이다.

0437

후회 없는 인생을 위해 매일 스스로에게 물어야 할 질문 세
가지가 있다. 첫째, 잘 살기 위해 잘못 살고 있는 것은 아닌가?
둘째, 행복하게 살기 위해 불행하게 살고 있는 것은 아닌가?
셋째, 미래의 성공을 위해 오늘 하루를 실패하고 있는 것은
아닌가?

0438

인생은 어찌 보면 철드는 일이다. 봄, 여름, 가을, 겨울, 한
계절, 한 해가 지날수록 철이 드는 일이다.
잠시 일상의 생활을 멈추고 자신의 모습을 돌이켜 보자.
지금 얼마나 철이 들었는가 생각해 보고 인생에 대해, 세상에
대해, 사람들에 대해 조금 더 철이 들도록 노력하자.
이제 우리도 철이 들 나이쯤은 되지 않았을까?

0439

인생에서 가장 맛없는 라면은 '했더라면'이다. "그 때 그 일을
했더라면…" "그 때 그 일을 하지 않았더라면…"
사람들은 대부분 이런 말을 하며 과거에 대한 미련과 후회로
아까운 시간을 허비하곤 한다.
멋있는 인생을 살고 싶다면 '후회라면'을 끓이지 말고
'이제부터라면'을 끓여라.

0440

현실적인 삶을 위해서는 이성이 필요하다, 낭만적인 삶을
위해서는 감성이 필요하다. 그렇지만 올바르고 성숙한 삶을
위해 필요한 것은 반성反省이다.
하루에 몇 번이나 자신의 모습을 돌이켜 보고 있는가?
온전한 인격은 오직 반성을 통해서만 가능하다는 사실을
기억하고 하루에 세 번, 자신의 모습을 반성해 보라.
틀림없이 완성된 삶을 살아갈 수 있을 것이다.

인생이란 채우는 일과 비우는 일이다.

지식과 정보로 머리를 채우고, 사랑으로 가슴을 채운다. 꿈을
채우고, 지갑을 채우고, 집을 채운다.

그러나 인생이란 비우는 것이 더 중요하다.

다른 사람의 생각을 받아들이려면 머리를 비워야 한다.

욕심이 지나치지 않으려면 마음을 비워야 하고

다른 사람에게 베풀려면 지갑을 비워야 한다.

잘 비우는 사람만이 잘 채울 수 있고

기쁨과 보람으로 가득 찬 인생을 살아갈 수 있다.

0442

인생은 다섯 가지 씀씀이가 성공과 행복을 좌우한다.

첫째, 시간을 잘 써라. 시간은 모든 사람에게 똑같이 주어진
신의 선물이자 가장 큰 재산이다.

둘째, 돈을 잘 써라. 쓸 데 쓰고 아낄 데 아끼고, 미래의 위험에
대비해 따로 모아두어라.

셋째, 머리를 잘 써라. 머리가 나쁘면 손발이 고생한다.
말과 행동은 실천으로 옮기기 전에 몇 번이고 신중하게 다시
생각하라.

넷째, 힘을 잘 써라. 젊어서는 주먹을 함부로 쓰지 말고,
나이 들면 지위와 영향력을 올바르게 사용하라.

다섯째, 마음을 잘 써라. 인생을 선하게 살고 타인을 위해
베풀며 살려는 마음 씀씀이를 가져라.

인생 10계명

1. 부지런히 살아라.
눈 자주 깜빡이지 마라. 인생 금세 간다. 눈 똑바로 뜨고
열심히 살아라.

2. 사람에 눈멀어라.
돈, 명예, 권력에 눈멀지 마라. 가장 소중한 것은 가족, 친구다.

3. 뒤돌아보며 달려라.
빨리 간다고 상 주지 않는다. 앞만 보고 달리지 말고 옆
사람에게 물어보며 가라.

4. 쉬운 결정도 어렵게 하라.
순간의 선택이 평생을 좌우한다. 작은 일도 어렵게 결정하라.

5. 성공이 가까우면 보험에 들어라.
인생은 호사다마好事多魔다. 잘 나갈수록 조심하고 위험에
대비책을 마련하라.

6. 고민은 10분만 하라.
우리가 하는 고민의 96%는 쓸데없는 걱정이다. 고민은
10분만 하고 웃어라.

7. 즐겁게 살아라.

성공하면 행복해지는 것이 아니라 행복하게 사는 것이
성공이다. 하루하루 즐기며 살아라.

8. 생(生)의 첫날인 것처럼 살아라.

1초만 지나도 과거다. 새로 출발하는 사람처럼 꿈과 희망을
가져라.

9. 생(生)의 마지막 날인 것처럼 살아라.

내일로 미루지 마라. 인생에서 가장 소중하고 의미 있는 일을
오늘 하라.

10. 후회 없이 살아라.

한번뿐인 인생, 후회 없이 살아라. 뜨겁게, 따뜻하게, cool하게
살아라.

\#
여유

0444

걱정은 팔자! 웃음은 사자!

0445

기뻐서 울 수 있다면 슬퍼도 웃을 수 있다.

0446

시간은 멈출 수 없지만 시계는 꺼 둘 수 있다.

0447

젊음은 '아차', 중년은 '문득', 노년은 '벌써'.

0448

아기에게 필요한 것은 유모,
어른에게 필요한 것은 유머.

0449

더 많이 기억하는 사람이 성공하고,
더 많이 잊는 사람이 행복하다.

0450

세상이 너를 웃게 만들기보다는 네가 세상을 웃게 만들어라.

0451

가장 아름다운 꽃은 웃음꽃이요
가장 아름다운 벌레는 헤벌레다.

0452

인생이 한 권의 책이라면
휴식과 여행이란 책갈피를 꽂아 두는 일.

0453

3, 7은 행운의 숫자. 4, 13은 불운의 숫자.
1, 2, 5, 6, 8, 9는? 아라비아 숫자.

0454

나에게는 실패와 불운에 맞서 싸울 수 있는 불체포 특권이
있다. 그것은 유머다.

0455

세상에서 가장 현명한 사람은 빈틈없는 사람이 아니라
쉴 틈을 잘 만드는 사람이다.

0456

성공에는 세 가지 길이 있다. 계단, 에스컬레이터, 엘리베이터.
그렇지만 행복에는 한 가지 길뿐이다. 산책로.

0457

사는 일이 너무 힘들다고 생각될 때
자신의 지친 몸을 두 팔로 꼭 안아 주며 이렇게 말해 보라.
"괜찮아. 수고했어. 다 잘될 거야."

0458

성공한 인생이란 물음표(?)와 마침표(.) 사이에 느낌표(!)를
적어 넣는 기술. 행복한 인생이란 물음표(?)와 마침표(.)
사이에 쉼표(,)를 적어 넣는 기술.

0459

인생이란 기차역에서는 왕복표를 발매하지 않는다.
그래서 그 대신 판매하는 것이 '쉼표'다.
인생이란 달리는 기차가 아니라 중간중간 쉬어 가는
간이역이라는 사실을 기억하라.

0460

한 번의 화火가 만 가지 화禍를 부른다.
참을 인자 셋이면 살인도 면한다고 했으니
마음속에 '화화화'가 생기면 '하하하' 소리 내어 웃어라.
'화'는 눈물을 부르고 '하'는 웃음을 부른다.

0461

미소는 아름답다. 미소는 유쾌하다.
혹시라도 다른 사람을 끌어당기고 싶다면 미소를 지어라.
'당기소'는 미소의 반대말이 아니라 미소의 동의어다.
'미소'는 사람을 끌어당기는 강력한 자석이다.

기쁨이 찾아올 때 하하하
슬픔이 찾아올 때 허허허
사랑이 찾아올 때 호호호
이별이 찾아올 때 후후후
성공이 찾아올 때 깔깔깔
실패가 찾아올 때 껄껄껄
아침이 밝아올 때 까르르
인생길 걸어갈 때 빙그레

0463

삶이 무겁게 느껴진다면 이 세상에 처음 도착했을 때를
생각해 보라. 인생이라는 여행에서 신이 허락한 것은
무전여행이거늘 어리석은 사람들이 자꾸만 배낭을 무겁게
꾸리고 있다. 마음의 짐을 모두 내려놓고 빈 몸으로 걸어가라.

0464

어떤 사람은 돈벌레로 살다 죽고 어떤 사람은 일벌레로 살다
죽는다. 어떤 사람은 공부벌레로 살다 죽고 어떤 사람은
책벌레로 살다 죽는다. 나에게 어떻게 살고 싶은지 묻는다면
나는 "헤벌레 웃으며 살다 죽고 싶다."고 대답할 것이다.
한 번뿐인 인생이다. 밝은 얼굴로 웃으며 즐겁게
살아 보자.

노년에 필요한 10명의 친구

1. 건강관리에 철저한 친구
노년의 행복은 무엇보다 건강에 달려있다. 운동, 식생활 등
건강관리에 철저한 친구와 어울려라.

2. 성격이 낙천적인 친구
노년이 되면 고독이나 우울증에 빠지기 쉽다. 밝고 긍정적인
마인드의 친구와 어울려라.

3. 취미가 같거나 다양한 친구
노년에는 취미활동이 삶의 중요한 부분을 차지하게 된다.
비슷한 취미를 가진 친구, 다양한 취미를 가진 친구와
어울려라.

4. 마음이 젊은 친구
노년이 되면 으레 마음이 경직되기 마련이다. 마음이 젊고
신세대처럼 행동하는 친구와 어울려라.

5. 언제든지 만날 수 있는 친구
고민이 생겼을 때 언제든지 전화하여 마음을 털어놓거나 직접
만나서 대화를 나눌 수 있는 친구와 어울려라.

6. 나이 어린 친구

노년이 될수록 시대의 흐름에 뒤떨어지기 쉽다. 자신보다
나이 어린 친구를 사귀고 변화에 뒤쳐지지 않으려는 노력을
기울여라.

7. 봉사하는 친구

인생의 반은 나를 위해서 살고, 나머지 반은 남을 위해서
살라는 말이 있다. 봉사하는 친구와 어울리며 다른 사람을
위해 헌신할 때 노년의 삶이 의미 있고 아름다워진다.

8. 직장 동료

"옛 사람을 찾아 가면 옳게 사는 것이고 옛 사람이 찾아오면
옳게 산 것이다."는 말이 있다. 옛 사람들과의 인연을
소중하게 생각하고 꾸준하게 연락과 만남을 지속하라.

9. 옛 친구

유년시절, 초등학교, 중고등학교, 대학교 시절의 친구들은
인생에서 가장 소중한 친구들이다. 관계가 소원해지지 않도록
평소에 노력하라.

10. 아내(남편)

아내는 청년시절에는 연인, 중년시절에는 친구, 노년에는
간호사라는 말이 있다. 행복한 노년을 보내고 싶으면
아내(남편)를 가장 든든한 친구로 만들어라.

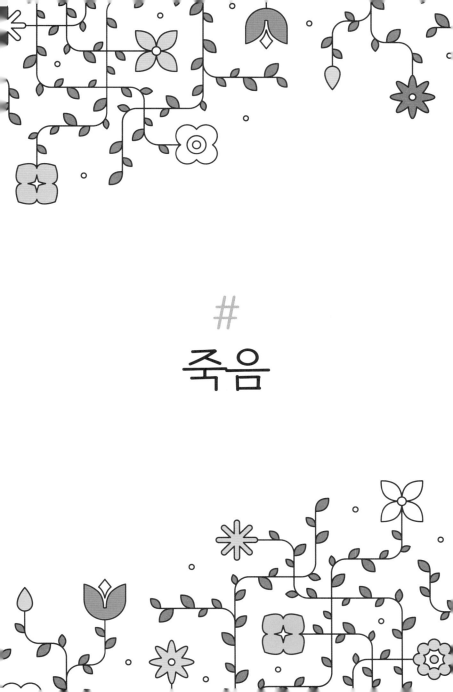

\#

죽음

죽음은 신과의 약속, 삶은 자신과의 약속.

내 묘비명에는 이렇게 한 글자만 적어다오. '쉿!'

삶에는 재방송이 없고, 죽음에는 개봉 박두가 없다.

0469

월계관을 쓴 사람이건 가시관을 쓴 사람이건
죽어서 관 속에 들어가는 것은 마찬가지.

0470

왜 그렇게 황급히 뛰어가는가?
죽음이란 아무리 천천히 가도 절대로 늦지 않는 법이다.

0471

태어날 때 축하해 준 사람의 숫자보다
죽을 때 눈물 흘리는 사람의 숫자가 더 많다면
그의 인생은 헛되지 않았으리.

0472

어리석은 사람은 막으려 애쓰고,
평범한 사람은 잊으려 애쓰고,
현명한 사람은 잘 맞으려 노력하는 것이 죽음이다.

0473

인간은 평생 두 번 죽는다. 한 번은 영혼의 죽음, 또 한 번은
육체의 죽음이다. 대개 첫 번째 죽음은 언제인지도 알지 못한
채 지나간다.

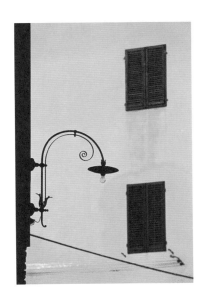

0474

인생이 여행이라면 죽음은 또 다른 여행이 아닐까?
삶의 마지막 순간에 나는 웃는 얼굴로
이렇게 세상 사람들과 작별하고 싶다.
"잘 다녀오겠습니다."

0475

올바르고 가치 있는 인생이 어떤 것인지는 알지 못하지만
적어도 내가 바라는 삶은 마지막 숨을 거둘 때 후회나
두려움으로 인해 주먹을 꽉 쥔 채 죽는 사람은 되지 않는
것이다.

0476

신이 프롤로그를 장만하고,
인간이 본문을 작성하며,
죽음이 에필로그를 장식한다.

세상에서 가장 중요한 약속

세상에서 가장 중요한 약속이 무엇인지를 가리기 위한 대회가
열렸습니다. 수많은 약속들이 참가했는데 세 명의 약속이
마지막까지 남았습니다.

첫 번째 약속이 말했습니다. "내가 세상에서 가장 중요한
약속입니다. 나는 명예와 성공을 좌우합니다. 나를 잘 지키는
사람은 다른 사람들의 신용을 얻으며 인생에서 성공을 거둘
수 있습니다. 그렇지만 사람들은 자주 나를 어기곤 합니다."

두 번째 약속이 말했습니다. "내가 세상에서 가장 중요한
약속입니다. 나는 자긍심과 행복을 좌우합니다. 나를 잘
지키는 사람은 자신에 대한 긍지와 자신감을 얻으며 인생에서
행복을 얻을 수 있습니다. 그렇지만 사람들은 종종 나를
잊어버리곤 합니다."

세 번째 약속이 말했습니다. "내가 세상에서 가장 중요한
약속인지는 모르겠습니다. 그렇지만 나를 잊어버리는 사람은
많아도 나를 어기는 사람은 지금까지 단 한 명도 없었습니다.
나는 사람들을 겸손하고 성실하게 만듭니다."

마침내 세상에서 가장 중요한 약속이 발표되었습니다.
첫 번째 약속은 3등을 차지했는데 바로 타인과의 약속입니다.
두 번째 약속은 2등을 차지했는데 바로 자신과의 약속입니다.
1등을 차지한 것은 세 번째 약속인데 바로 신과의 약속,
죽음입니다.

우리는 모두 약속된 삶을 살아가고 있습니다. 언젠가 한 번은
꼭 지켜야 할 신과의 약속을 잊지 않을 때 우리는 타인과의
약속, 그리고 자신과의 약속을 더욱 겸손하고 성실하게
지켜나갈 수 있을 것입니다. 잊지 마세요. 세상에서 가장
중요한 약속은 신과의 약속이라는 사실을.

그대는 해 보았는가?

해 보려면 '해'가 있어야 한다.
가슴속에 '해'가 있는 사람만이 도전할 수 있다.

해는 꿈이다.
해는 열정이다.
해는 가슴앓이다.

못 견디게 뜨겁고,
치열하게 달아오르고,
오금 저리게 사무치는 것이다.

밤이면 어둠 속에 가려 있다가도
아침이면 새롭게 솟아오르는 희망이다.

그대는 해 보았는가?

슬퍼도 웃을 수 있습니다

기쁨이 슬픔에게 말했습니다.
"우리는 달라. 나는 웃음을, 너는 눈물을 주지."

슬픔이 기쁨에게 말했습니다.
"우리는 같아. 너는 기쁨의 눈물을, 나는 슬픔의 눈물을
주지"

기쁨은 슬픔과 친구가 되었고
늘 함께 다니기 시작했습니다.
삶이 우울하거나 고통스럽게 느껴질 때는
잊지 말고 기억하세요.

기쁨이 없으면 슬픔도 없고
슬픔이 없으면 기쁨도 없다는 것을.
기쁨이 먼저 오면 슬픔이 뒤를 따르고
슬픔이 먼저 오면 기쁨이 뒤를 따라 찾아온다는 것을.

기쁨과 슬픔, 슬픔과 기쁨은 결국 하나입니다.
지금 기쁨과 슬픔에게 말하세요.

"우리 함께 친구가 되자."

기뻐서 울 수 있다면
우리는 슬퍼도 웃을 수 있습니다.

비상

2판 1쇄 발행 2025년 6월 10일

지은이 양광모
펴낸이 김선기
펴낸곳 (주)푸른길
출판등록 1996년 4월 12일 제16-1292호
주소 (08377) 서울시 구로구 디지털로 33길 48 대륭포스트타워 7차 1008호
전화 02-523-2907, 6942-9570~2
팩스 02-523-2951
이메일 purungilbook@naver.com
홈페이지 www.purungil.com

ISBN 979-11-7267-048-1 03190